Quem é Deus:

Conhecer para ser conhecido

JOTANIEL KALURNAS

Quem é Deus:
CONHECER PARA SER CONHECIDO

São Paulo, 2024

Quem é Deus – Conhecer para ser conhecido
Copyright © 2024 by Jotaniel Kalurnas
Copyright © 2024 by Ágape Editora

EDITOR: Luiz Vasconcelos
GERENTE EDITORIAL: Letícia Teófilo
PRODUÇÃO EDITORIAL: Érica Borges Correa
PREPARAÇÃO: Angélica Mendonça
REVISÃO: Flavia Araujo
DIAGRAMAÇÃO: Manoela Dourado
CAPA: Débora Bianchi

Texto de acordo com as normas do Novo Acordo Ortográfico da Língua Portuguesa (1990), em vigor desde 1º de janeiro de 2009.

Dados Internacionais de Catalogação na Publicação (CIP)
Angélica Ilacqua CRB-8/7057

Kalurnas, Jotaniel
    Quem é Deus : conhecer para ser conhecido / Jotaniel Kalurnas. -- São Paulo : Ágape, 2024.
    144 p. : il.

ISBN 978-65-5724-095-3

1. Deus (Cristianismo) 2. Igreja católica I. Título

24-2888   CDD 231

Alameda Araguaia, 2190 – Bloco A – 11º andar – Conjunto 1111
CEP 06455-000 – Alphaville Industrial, Barueri – SP – Brasil
Tel.: (11) 3699-7107 | E-mail: atendimento@gruponovoseculo.com.br
www.gruponovoseculo.com.br

Eu, Jotaniel Kalurnas, sou apenas o escritor. As palavras escritas nesta obra provêm de **Deus**, transmitidas por mim e pelos meus filhos. Por isso dedico esta obra em primeiro lugar a Deus e em segundo lugar aos meus filhos João, Gabriel, Miguel, Débora e Bárbara. Eu tenho visto eles crescerem e se tornarem **as pessoas que Deus criou para serem**. Por isso, **todo louvor e toda a glória eu rendo a Deus,** que permitiu essa obra em mim, em meus filhos e em você que acaba de adquirir o livro.

"Agora, pois, vemos apenas um reflexo, como em um espelho, mas, um dia, veremos face a face. Agora conheço em parte, mas, um dia, conhecerei plenamente, da mesma forma que sou plenamente conhecido."

1 Coríntios 13:12

SUMÁRIO

A vida do escritor, **11**

Introdução de Deus à vida do escritor, **19**

O primeiro amor, **37**

O muro, **51**

O mar, o deserto, a guerra e as promessas, **83**

Entendendo a oração, **117**

Epílogo, **137**

Convite ao leitor, **141**

A VIDA DO ESCRITOR

Ao longo dos últimos anos, tenho comido da comida e bebido das águas do Espírito Santo. A palavra que surge agora em minha mente, vinda da boca do próprio Deus, é:

> [...] todo aquele que pede recebe; o que busca, encontra; e aquele que bate, a porta será aberta. (Mateus 7:8)

Neste tempo, se você pudesse me ver, colocaria um outro nome em mim e o meu nome seria Oração, pois tenho buscado conhecer Deus de todo o meu coração. Eu quero dizer para você que Deus não é monótono; Deus é surpreendente e muitas vezes Ele nos surpreende nos mínimos detalhes. Eu sempre quis saber como **Ele é**, mas Ele me fascinou e me mostrou muito mais do que eu esperava.

Sou um homem agraciado! Tenho hoje cinquenta e quatro anos e possuo cinco lindos filhos dados por Deus: três rapazes e duas meninas. Certo dia a filha mais velha, com cerca de 9 anos, a qual Deus abençoou com a visão espiritual aberta, se aproximou de mim e perguntou:

"Pai, se Deus criou o homem, então, quem criou Deus?"

Eu creio que você alguma vez já foi surpreendido por um de seus filhos dessa forma, e sentiu-se desprevenido. Aí, então, está o dilema: como explicar? O primeiro conceito que vem à mente dos religiosos, aquilo que um dia eu fui, é: *Deus não foi criado, Ele sempre existiu*. Mas, quando você deixa a religião de lado, isso se torna tão vago, tão vazio, que muitas dúvidas surgem, tais como: Por que a gente não consegue explicar de uma maneira mais clara e objetiva quem é Deus? O que nos impede?

Existe uma fulminante e clara resposta para isso e é nessa hora que os religiosos do mundo vão pegar seus livros e bater com eles na minha cabeça, mas eu vou falar mesmo assim. A resposta é: **a religião**. Sim, meu caro, a religião é um **muro alto** que nos impede de ver, de entender e, consequentemente, de responder essas e muitas outras questões, mas eu vou deixar esse assunto para um outro capítulo e voltar para a conversa tão interessante com a minha filha.

Antes, eu gostaria de pedir um grande favor a você. Se seu filho já lhe fez essa pergunta, tenha um pouco de fé. Acredite, não é ele que está te surpreendendo. Quem está pregando essa peça em você é Deus. Sim, Deus está instigando você a buscá-lo de todo o seu coração. Ele quer que você o conheça para que você também seja conhecido. Como disse Jesus, em Mateus 19:14, não é das tais criancinhas, esses seres dependentes, o Reino de Deus? Então, creia, pois Ele está falando por meio de seu filho. Bem, quero lhe informar que a primeira resposta que dei para minha filha foi a dos religiosos. É, eu a desapontei a princípio, mas acreditei que Deus falava comigo por meio da minha filha e a minha fé me fez largar a religião de lado e buscar por Deus de uma forma mais sincera, autêntica, e até científica. Você deve estar percebendo que estou sendo bem controverso, mas quero dizer que descobri que, se não fosse pelo ceticismo, os cientistas estariam muito mais próximos de Deus do que os religiosos. Muitos podem ficar irados com essa afirmação, mas não se assuste, continue a leitura porque até o final do livro você verá muitas outras frases polêmicas e surpreendentes. Não pare por causa disso. Eu sei que você quer mesmo saber **quem Deus é**.

Talvez você tenha percebido que eu acabei de dizer como surgiu o título desta obra; caso não tenha notado, vou te dar uma dica: ouça a criança que perguntou quem fez Deus. E, se ainda não observou, esse título tem um subtítulo – "Conhecer para ser conhecido" –, o que remete à minha história de vida. Entendo que é muito ruim estar lendo um livro sem conhecer pelo menos um pouquinho sobre o autor, certo? Antes, porém, quero dizer que, quando Deus escolhe alguém, Ele coloca essa pessoa em diferentes lugares e situações a ponto de que ela, ao mesmo tempo, passe pelo caminho de conhecê-Lo e pelo caminho de ser conhecido por Ele. Ficou confuso, mas logo você vai entender.

Dito isso, vou me apresentar. Meu nome é Domingos Bosco de Sá, mas Deus me chama pelo nome de Jotaniel Kalurnas. Ele sempre fala Jotaniel, o Kalurnas. Creio que sejam dois nomes em diferentes lugares, ou situações. Acerca de lugares e situações, não vou explicar agora. Deixarei que você entenda, do que estou falando, durante a leitura. Eu nasci no dia 21 de abril em um lugar chamado Serra Talhada, no sertão do Pernambuco, com a ajuda de uma parteira. O tempo do meu nascimento já havia se esgotado e todos achavam que minha mãe daria à luz uma criança morta. O parto foi muito complicado e sofrido para minha mãe que, por algum tempo, me rejeitou e não conseguiu se aproximar de mim por causa da dor física e psicológica que lhe causei. Uma difícil situação em um lugar complicado.

Nós temos o costume de recorrer a Deus nos momentos mais difíceis e extremos. Eu digo que deveríamos lembrar Dele nos momentos bons e nos momentos ruins. Você conhece aquele ditado que diz que amigo que é amigo não chora junto, mas enxuga as lágrimas? Eu diria que deveria ser assim: amigo que é amigo está junto tanto na alegria quanto na tristeza. Isso ainda não é muito relevante para terminar a história do meu nascimento, importante mesmo é o fato de que quando as pessoas evocam a Deus, no momento que mais precisam, elas geralmente estão recorrendo a um deus errado. Além do mais, quando você pede de maneira errada, o pedido não chega até Ele; e, se chegar, tem um tempo considerável para ser atendido, se for atendido.

Por isso, eu sei que, com certeza, apesar de terem feito uma promessa de colocar meu nome de Domingos caso eu nascesse vivo, eu nasci não por causa da promessa, mas porque era necessário que eu estivesse em um lugar difícil e em uma situação difícil. Eu deveria até dizer em um lugar e em uma situação impossíveis, pois Deus é o **Deus do Impossível**. A parteira deveria ser devota de um santo da igreja católica chamado São Domingos de Compostela. Já ouviram falar? Bem, vocês agora conhecem a origem do meu nome terreno, mas eu quero afirmar que, quando Deus não gosta de um nome, Ele muda, dá um novo documento, uma nova identidade. Israel se chamava Jacó. Isso não quer dizer que as pessoas passaram a chamá-lo de Israel, quer dizer que para Deus ele agora é Israel e não mais Jacó. Jacó é seu nome terreno e Israel é seu nome celestial. Para Deus, eu agora sou Jotaniel Kalurnas.

Então eu cresci e me tornei adulto. Estive em muitos outros lugares e situações difíceis, que me possibilitariam escrever um outro livro de muitas páginas, mas esse não é nosso foco aqui. Você não quer ler uma autobiografia, certo? Nosso objetivo aqui é saber **quem é Deus**. Eu quero dizer que, seja lá onde estiver ou o que estiver fazendo, Deus insiste em se apresentar para você. Ele quer que você O conheça. Eu dou a mim mesmo como exemplo. Tudo que fiz terminou em fracassos e desilusões. Eu me formei como técnico contábil, passei por vários trabalhos, mas "acabei terminando" como instrutor de artes marciais. Você viu que na frase anterior escrevi uma locução verbal desnecessária, mas quando digo que acabei é que terminei mesmo, ou seja, me tornei inútil para tudo, sem saber o que fazer da vida. Talvez você não esteja pronto para entender, mas era Deus me empurrando para **o caminho** e eu insistindo em andar por outros.

INTRODUÇÃO DE DEUS À VIDA DO ESCRITOR

Você precisa entender que tudo que Deus faz tem uma finalidade. Ele o criou para um propósito. Eu sei que todos têm planos, têm sonhos, querem fazer suas escolhas, mas receba este conselho: ore para que Deus faça planos para você; sonhe os sonhos de Deus; peça a Deus para escolher por você. Já pensou em acordar um belo dia com Jesus na sua porta, indagando:

"Eu o criei para ser um professor, mas você é um mecânico?!"

Pense um pouquinho só. É o próprio Deus na sua porta, fazendo você passar por um constrangimento. Eu falo assim porque foi dessa maneira que me senti quando aconteceu comigo. Fiquei com vergonha. Olhe para o que estou fazendo agora. Estou escrevendo este livro, pois Jesus bateu à minha porta um belo dia e eu era um artista marcial. Então, Ele me falou: "Eu o criei para ser um escritor. Você escreverá para mim". Fiquei muito envergonhado porque já fazia trinta e cinco anos que eu dava aulas de uma arte marcial. Tinha escolhido fazer aquilo, mas descobri que, aquele tempo todo, tinha me enganado; e o pior: eu estava atrasado pelo menos trinta anos de minha vida para aquilo que **Deus tinha me criado para ser**.

Quando isso aconteceu, já fazia algum tempo que eu buscava por Ele. Mesmo assim, foi e continua sendo muito sofrido para mim, porque tive que começar tudo novamente. Eu sei que não é fácil entender sobre o que estou falando, mas vou tentar explicar e isso levantará muitos questionamentos. Olhe para Deus: Ele é o Criador de todas as coisas. Agora olhe para você: Deus fez você à Sua imagem e semelhança. Uma coisa incrível. Preste muita atenção no que vou dizer:

você também é capaz de criar, mas você não é **Criador**; você é **cocriador**, ou seja, cria as coisas a partir daquilo que Deus criou. Dou alguns exemplos: Deus criou o trigo e você cria o pão. Deus criou a uva e você cria o vinho. Isso acontece com tudo aquilo que Ele coloca em nossas mãos. Você só precisa entender que Deus cria as coisas do nada e nós criamos a partir daquilo que Ele criou.

Então, você agora pode entender que todas as coisas que Deus faz têm um propósito. Antes d'Ele criar o mundo, deu um propósito para o mundo. Antes de criar você, Ele te deu um propósito. É por isso que as Escrituras Sagradas dizem: "[...] ele nos amou primeiro." (1 João 4:19). Entenda, Deus conhecia você e continuaria conhecendo se você vivesse para fazer aquilo para o que foi criado. Contudo, a partir do momento que resolveu trilhar seu próprio caminho, você se tornou outra pessoa, alguém que Deus não conhece, porque não é aquilo que Ele criou para ser. Quando não fazemos as coisas que Ele quer, estamos fazendo os desejos de um outro alguém. Foi assim quando a humanidade caiu no Jardim do Éden. Adão e Eva deixaram de obedecer a Deus para fazer o que eles queriam. Deixaram de seguir as ordens de Deus para seguir os conselhos da serpente. Abandonaram o conhecimento d'Ele e se tornaram desconhecidos.

 Eu também sou o exemplo, então, vou falar mais um pouco de mim. Até 2018, durante toda minha vida, Deus me empurrava para o **caminho** e eu teimava em entrar em outros. E isso se refletia em todos os setores da vida. Deus me criou para ser escritor, posso afirmar agora por que aqui estou, mas quis ser diversas coisas antes; e fui, com muita dificuldade. Era como se eu estivesse carregando o mundo nas costas. Trabalhava duro e nada, mas nada mesmo dava certo. Fazia tudo e não conseguia me especializar.

 Você precisa saber que Deus, sutilmente – pois Ele é sutil e muito educado –, me dava uns empurrões para que eu entrasse no caminho. Meu primeiro contato com Deus veio por meio de uma Bíblia muito antiga, com uma linguagem muito complicada, que havia na casa dos meus pais. Éramos católicos não praticantes e, como a maioria dos católicos, não leitores da Bíblia também. Ninguém em casa lia, mas aquele livrão me atraía muito. Eu não entendia quase nada, mas as histórias eram interessantes. Adão e Eva, Caim e Abel, Noé, Moisés, Sansão, Davi e, finalmente, Jesus. Eu me emocionava quando lia o texto de Isaías que falava do sofrimento do Messias. Ainda me emociono bastante. A Bíblia me atraía muito, tanto é que já a li e reli umas quatro ou cinco vezes inteira. Naquela época, me atraía, mas meu coração estava no mundo, e como diz Jesus:

> "[...] onde estiver o seu tesouro, aí também estará o seu coração." (Mateus 6:21)

E eu cresci lendo a Bíblia, trabalhando de boia-fria, em escritórios; fui até empresário. Participei de algumas igrejas protestantes; não concordei, discordei, desisti, continuei lendo a Bíblia até que não restou nada dela. Parei. Meu coração estava nas artes marciais, meu tesouro no fim das contas era só fracasso, desilusão e tristeza. O coração é muito enganoso. Lembro que um dia eu e meu irmão demos abrigo para um rapaz na casa dos meus pais. Ele roubou nossas roupas e deixou uma Bíblia. Voltei a ler até não restar mais nada também. Parei de ler. Voltei-me para as artes marciais. Minha vida matrimonial começou aos 30 anos, e em vinte anos tive cinco filhos. Aos 49 anos de idade, em uma época que estava muito difícil de todas as formas, inclusive no relacionamento, saí andando sem rumo e cabisbaixo pela cidade onde moro e, já sem esperança, ergui a cabeça e percebi que estava em frente a uma igreja. Ainda não foi dessa vez. Por mais algum tempo continuei assim, Deus tentando se apresentar para mim e eu correndo atrás dos meus sonhos. Mas então, um dia, quando as coisas estavam ainda piores e certas subidas eram superadas com muito suor e lágrimas, um pastor apareceu na minha empresa e finalmente resolvi que não resistiria mais. Comecei a participar dos cultos e levei minha esposa e meus filhos comigo. Deus começou a se apresentar para mim. Mas não pense que tudo virou mil maravilhas; era só o começo das dores, porque toda ferida precisa ser limpa antes de cicatrizar e isso dói, dói muito.

Nesse sentido, posso falar a respeito de sensações particulares que pensei serem doenças. Sentia dores pelo corpo que eu pensava ter origem nos treinamentos físicos. Não se preocupe, continue a leitura. Tudo isso leva a Deus. Eu sentia dores, especialmente nas costas e acima, na escápula e nos ombros. Eram muito fortes e muitas vezes eu precisei ser socorrido pelo meu irmão. Dormíamos no mesmo quarto quando já éramos adultos. Ao entrar para a igreja, tinha uma líder que sentia dores e coisas estranhas também, até que ela, em busca de cura, encontrou um instrumento para falar com Deus. Mais tarde, eu passei a usar esse instrumento também e, como essa minha professora, descobri que as dores que eu sentia, desde minha infância, dores físicas e emocionais, todas provinham de Deus. Era Deus me cobrando pelos erros que eu cometia todos os dias, pelas coisas que eu fazia que O desagradavam. Existem **muros** que nos separam de Deus. O pecado é um deles. Então, dia a dia, o Senhor passou a me corrigir. Fez com que eu me recordasse de todos os meus erros até que as dores sumissem por completo. Confesso, que, às vezes, elas voltam quando cometo qualquer erro, pois Deus é um pai amoroso que corrige os seus filhos e com isso eu quero dizer que as dores que eu conheci como sintomas da presença de Deus – polêmico isso, não é? – são apenas um grão de areia em comparação a tudo que vi e senti quando passei a buscar por Deus. Na Bíblia, está escrito assim:

> "Vocês me procurarão e me acharão quando me procurarem de todo o coração." (Jeremias 29:13)

Posso contar que fiquei maravilhado ao ir a uma floresta orar com o povo da igreja e a floresta acendeu. Eu vi as folhas secas e os gravetos brilharem como luz néon, e isso foi ainda no começo da jornada.

Eu segui na igreja, mas não parei de fazer o que fazia. Artes marciais, academia, empresariado, até que um dia, quando a viagem de avião já estava marcada, recebi uma palavra dos líderes da igreja que eu frequentava dizendo que O Senhor queria que eu parasse com as artes marciais. Perdi a passagem, o dinheiro que paguei pela formação e desisti de tudo que eu era naquele momento. A partir de então, passei a falar todo dia duas frases que vinham ao meu coração:

"Preciso fazer aquilo que Deus me criou para fazer. Preciso ser aquilo que Deus me criou para ser."

Sempre que era incumbido de levar uma palavra à Igreja, eu subia ao púlpito – um erro que hoje não cometo mais – e falava muitas palavras, porém as pessoas pareciam não entender quando eu dizia que precisávamos ser aquilo que Deus nos criou para ser. Passei, então, a entender que havia algo errado. Ou era comigo, ou era com as pessoas. Sentia que Deus estava querendo que eu fizesse algo diferente daquilo. Ele queria me mostrar algo antes, e além da Igreja.

Interrompo a narrativa aqui, porque preciso que você entenda mais sobre o que estou querendo dizer com "ser quem Deus me criou para ser". Creio que você já entendeu a respeito de Criador e cocriador, mas é preciso compreender que, quando não é o Espírito que faz, tudo dá errado. Nesse aspecto, você vai começar a entender um pouquinho mais sobre *Quem é Deus*. Se ler o início das Escrituras, em Gênesis 1:2, verá escrito assim:

> "Era a terra sem forma e vazia; trevas cobriam a face do abismo, e o Espírito de Deus se movia sobre a face das águas."

Águas? De onde surgiram essas águas? Eu sempre quis entender, pois, se era tudo vazio, como é que poderia ter águas? Um dia, o Senhor me explicou que se tratava de **um lugar**. Bem, depois você lê que Deus dá uma ordem e tudo começa a se formar, desde os céus até a terra e tudo que os compõe. Já em Gênesis 1:26, Deus fala:

> "...Façamos os seres humanos à nossa imagem, conforme a nossa semelhança..."

Espere aí, Deus estava falando como se tivesse mais do que uma pessoa junto com Ele! Quem era? Quando Jesus veio para a Terra, nós passamos a compreender que se tratava de três pessoas: **Deus Pai, Deus Filho e Deus Espírito Santo**. Os judeus que lerem este livro provavelmente vão discordar, mas é isso mesmo. Deus é **três**, mas também é **um**. Contudo, quero que você entenda que essa não é a essência, isso ainda não mostra *Quem é Deus*. Você precisa continuar lendo para descobrir.

Deus Pai tem vários nomes, Deus Filho tem vários nomes e Deus Espírito Santo também. É bom saber disso, certo? Para um futuro próximo ou quem sabe mais um livro, mas o que eu quero que você assimile agora é que Deus deu uma ordem e o Espírito Santo esperava sobre as águas. Esperava o quê? Ou a pergunta certa seria "esperava para quê"?

Peguemos o seguinte exemplo: se você for construir uma casa. – Ah! Eu amo casa. É um lugar tão bom! – E se você for um arquiteto, precisará contratar um engenheiro e um ou vários construtores. O arquiteto cria o projeto. O engenheiro ordena a obra, ou seja, diz onde vai ficar cada item, como a profundidade do alicerce. Já o construtor coloca a mão na massa, no cimento, no tijolo, ou seja, constrói. Então podemos dizer que o **Pai** é o **Arquiteto**, o **Filho** é o **Engenheiro** e o **Espírito Santo** é o **Construtor**.

Agora olhe novamente a capa deste livro e constate que os nomes de Deus são compatíveis com aquilo que Ele faz. Não quero que você se confunda. Deus é três, mas também é um e, por incrível que pareça, Ele também nos fez para ser assim. Se Deus é o Pai, o Filho e o Espírito Santo, nós somos Corpo, Alma e Espírito. O que há de errado conosco é que, ao abandonar os propósitos de Deus, ou seja, aquilo para que Ele nos projetou, nós invertemos os papéis que cada pessoa dentro de nós deveria cumprir. Acho que ficou confuso. Deixe-me voltar para Deus para ver se explico melhor. Deus é um, mas esse um é constituído de três pessoas com diferentes funções, ainda que com o mesmo propósito. Assim somos nós. Somos um constituído de três pessoas com diferentes funções, contudo, com o mesmo propósito. O nosso **corpo** foi feito para ser a casa; o nosso **espírito**, para fazer, ou seja, construir, criar; e a nossa **alma**, para contemplar, apreciar, aproveitar, louvar a Deus. Acontece que, quando a humanidade resolveu seguir os conselhos da serpente – você sabe de quem eu estou falando –, tudo se inverteu. A alma passou a fazer a função do espírito e tudo começou a dar muito errado. Para você entender melhor, sabe a casa que você vai construir? Dispense o seu engenheiro e coloque seu pedreiro para fazer a função dele para ver o que acontece.

As pessoas conhecem o propósito de Jesus quando veio à Terra, mas elas ainda não perceberam que Ele também veio para consertar o que foi quebrado. Se olhar para o Antigo Testamento, perceberá que o Espírito Santo só aparecia, de vez em quando, para consertar um erro cometido pelo homem, e depois voltava para o Céu. Mas, quando Jesus ressuscitou e voltou para junto de Deus, Ele mandou o Espírito Santo para habitar em todos nós e nisso, assim como Paulo, eu posso assegurar que **Deus é tudo e está em todos**. O Espírito de Deus faz habitação em nós para consertar o que está estragado. Se você olhar para o mundo – guerra, fome, roubos, drogas, crimes –, vai entender o que estou falando: sim, nós estamos quebrados. Se não entendermos que o Espírito de Deus que habita em nós tem essa função e não resolvermos ouvir a sua voz, então estaremos todos perdidos.

Creio que isso precisava ser dito, mas agora volto para o ponto interrompido de meu relato de que a Igreja não me ouvia dizendo que eu queria ser aquilo que Deus me criou para ser. Por algum tempo eu me senti muito mal. Sentia fortes dores, sintomas inexplicáveis.

Parecia que Deus não queria que eu fosse mais à Igreja, sentia que Ele não queria nem que eu fosse mais para o meu trabalho, porque eu passava muito mal quando fazia qualquer coisa. Se saísse de casa para ir ao mercado, passava mal. Chegou a um ponto em que os acontecimentos tornaram as coisas tão complicadas e difíceis que resolvi ouvir a voz do Espírito e parar com tudo. Há algum tempo o Senhor me dizia que eu logo deixaria de ser empresário. Então, depois de ter saído da Igreja, meu sócio desmanchou a sociedade comigo. Trabalhei por trinta e quatro anos sem nenhum resultado, e desde 2020 estou em casa. Vocês não imaginam como é difícil ficar em casa, parado, depois de tanto tempo.

Mas foi na minha casa que Deus iniciou o tratamento para me consertar. Eu posso lhes afirmar que se estivesse em um hospital, teria saído da enfermaria para a UTI. Na minha própria casa Deus me colocou em vários outros lugares. Um mais difícil que o outro. Eu fui pressionado materialmente e espiritualmente. Se, quando criança, eu pudesse sentir a dor da rejeição da minha mãe, hoje poderia dizer o quanto doeu para mim e para ela, porque aquilo que eu estava passando agora era pior. Quero dizer que, para te consertar, Deus limpa a ferida, depois treina e coloca você em lugares e situações nos quais você será provado e atestado. Eu quero ser bem sincero com você: Deus faz isso para o nosso bem, pois Ele quer nos ajustar. Ele faz isso conosco porque verdadeiramente nos ama. Porém muita gente pensa que se aproximar de Deus é um mar de rosas e tranquilidade. Acredite, vai ter tempestade e mar revoltoso o tempo todo, porque Deus quer que você aprenda a dormir no olho do furacão. Isso que falo é diferente de tudo que dizem por ai, mas está escrito na Bíblia. Vejo muitas pessoas dando testemunhos em púlpitos de Igrejas, falando das coisas boas que Deus fez na vida delas: "Deus me deu prosperidade, me deu um carro, uma casa". Mas quase nunca vejo alguém dizendo: "Deus me fez sofrer muito, mas eu me alegro com esse sofrimento, porque Ele curou as minhas feridas, me limpou dos meus pecados". É assim que você consegue perceber quem busca Deus por amor e quem O busca por interesse. Raramente você vai ver alguém citando o texto de Pedro que diz:

> "¹Mas alegrem-se à medida que participam dos sofrimentos de Cristo, para que também, quando a sua glória for revelada, vocês exultem com grande alegria." (1 Pedro 4:13)

Preste bem atenção: os desejos pelas coisas do mundo me afastaram de Deus. Eu queria ser uma coisa quando Ele me criou para ser outra. As desilusões com as minhas escolhas me empurraram para Deus. Hoje eu O deixo escolher por mim e só quero fazer aquilo que Ele me criou para fazer. Estou aqui diante de um computador escrevendo essas palavras por ordem do meu Senhor. As coisas não estão muito boas para mim. Estou com vários problemas. Estou no meio da tempestade, mas estou muito, mas muito entusiasmado e feliz mesmo. Finalmente faço aquilo que Deus me criou para fazer. Meu espírito salta dentro de mim de alegria, mesmo com o mundo em guerra, mesmo com a situação difícil em que eu me encontro.

Como disse, eu precisei conhecer Deus para que Ele me conhecesse também. E não é assim quando nós vamos conhecer alguém com potencial para ser nosso amigo? Primeiro você se apresenta, fala seu nome e o que você faz. A pessoa, então, elenca as mesmas coisas sobre si e, de conversa em conversa, vamos nos tornando íntimos. Com Deus também é assim. A diferença é que Ele te conhecia de uma forma e você tenta se apresentar como se fosse outra pessoa. É como se quisesse que Deus comprasse uma sardinha por um salmão. Os dois têm qualidades e preços muito diferentes. Acredite, Deus é muito generoso. Ele vai aceitar a sardinha, mas vai querer levar o salmão também. Então, para que você seja aquilo que Deus te criou para ser, é preciso que O conheça e esse conhecer vai desde aquilo que Deus é, onde Ele mora, como são Suas criações, como Ele trabalha e até quais são os gostos d'Ele. É assim que você vai ter a intimidade que sempre deveria ter tido com o **Pai**. Você se torna amigo de alguém assim.

O PRIMEIRO AMOR

"Disse o homem: 'Foi a mulher que me deste por companheira que me deu do fruto da árvore, e eu comi'." (Gênesis 3:12)

Quando buscamos conhecer Deus, a primeira coisa com que nos deparamos é a conversa a respeito de **fé**. Muita gente diz que aceitou Jesus e agora está tudo resolvido, porque passou a crer em Deus. Você precisa entender, e eu falo agora bem direto mesmo quanto a essa teoria, é que Satanás também acredita em Deus. No entanto, ele já está condenado. O que estou tentando explicar é que **a fé é necessária**, mas **não é suficiente**. Jesus disse isso, em bom tom, em uma conversa com Nicodemos:

> "...Digo-lhe a verdade: Ninguém pode ver o Reino de Deus, se não nascer de novo."

E aí você se depara mais uma vez com o que eu tenho dito a respeito de ser conhecido por Deus, ser aquilo que Ele nos criou para ser. Então, se agora você crê, o próximo passo é deixar de ser a pessoa que você era, o velho homem precisa morrer e passar a ser uma nova pessoa, nascer de novo, ressuscitar, nascer da água e do espírito, ou seja, limpo dos pecados e dirigido pelo Espírito de Deus. Eu digo que você não faz nada, que é Deus quem faz tudo e a gente só precisa querer. Foi o Espírito Santo que ressuscitou Jesus, então, é Deus quem faz tudo. Só precisamos querer e, depois de ter fé, você tem que **querer ser uma nova pessoa**. É preciso entender também que a fé não é cega como muita gente pensa. Se a fé não for acompanhada de entendimento, nada muda, tudo fica como sempre. Posso contribuir com um entendimento geral: eu tive fé porque conheci Jesus, e não porque aceitei Jesus. Então sei como Ele é e eu quero – e veja que vem com o querer – ser parecido com Ele. Dessa forma, quando olho para Jesus, eu O vejo dizendo:

> "Eu também não a condeno. Vá e, de agora em diante, abandone a sua vida de pecado." (João 9:11)

Assim, percebo que, além da fé, há o arrependimento, porque Jesus, nessa frase, falou de pecado. É necessário e suficiente que tenhamos fé e que nos arrependamos. **A fé é necessária para que nos arrependamos.** Entenda que, se tivermos fé, vamos nos arrepender. Somente a fé não é suficiente. É suficiente que nos arrependamos. As Escrituras mesmo dizem que:

> "Os sacrifícios que agradam a Deus são um espírito quebrantado; um coração quebrantado e contrito, ó Deus, não desprezarás." (Salmo 51:17)

Então, você agora compreende que a fé não é cega, mas vem com entendimento, e que o arrependimento toca o coração de Deus; e mais que isso: o arrependimento apaga a memória de Deus.

Creio que a última frase foi um tanto vaga, mas vou repetir e esclarecer. **O arrependimento apaga a memória de Deus**, por isso precisamos tanto dele. Quando estamos estudando para um concurso ou uma prova na escola, estabelecemos várias técnicas de memorização. Quando um professor nos explica uma matéria pela primeira vez, estamos adquirindo o entendimento do conteúdo. Essa primeira vez vai para nossa memória de curto prazo. Quando revisamos tal conteúdo mais tarde, ele vai para a memória de médio prazo. E finalmente, após uma próxima revisão, quando o cérebro entendeu que aquilo é importante, chega à memória de longo prazo. Os cientistas consideram a memória de longo prazo infinita, mas eu não a considero assim; considero-a muito grande, mas também com limite.

Isso é o que relata a ciência, mas proponho ainda uma memória que chamo de **memória espiritual**. Para mim, a memória espiritual é infinita porque ela provém de Deus. É claro que eu não colocaria isso em uma tese científica. Sei separar as coisas. Sou daqueles que dá a Deus o que é de Deus e a César o que é de César. Sou daqueles que não negam a ciência; muito mais, sou daqueles que não negam Deus de forma alguma. Outra coisa que quero explicar para você é que, ao contrário do que pensam os teóricos humanos, no estudo da linguagem, considero a Teoria Gerativista a mais correta; porém, para aquilo que Deus colocou no meu coração, a linguagem está codificada no nosso DNA espiritual ou, devo dizer, na memória espiritual. Quando ler a respeito da **Torre de Babel**, mais à frente, você vai ver que Deus confundiu os homens dando-lhes variedades linguísticas e os espalhou pela Terra. Então, no meu entendimento, Deus criou a língua e ela é uma característica proveniente apenas da raça humana porque é **espiritual**, ou seja, vem de Deus.

Fiz esse pequeno discurso sobre linguagem para que você compreenda que, assim como na memória física, coisas são gravadas eternamente na memória espiritual. Observe que nós temos dificuldade para memorizar muita coisa, mas, quando se trata de algum impacto emocional, de algo ligado aos sentimentos, de algum sofrimento que passamos, de alguma decepção, tudo fica na memória de longo prazo imediatamente e passa a nos atormentar constantemente. A qualquer provocação, nós nos lembramos.

O que quero dizer é que essas coisas não vão para nossa memória de longo prazo, elas vão para nossa memória espiritual. Perceba que Deus tem uma memória espiritual e Ele também nos deu essa memória, pois nos fez parecidos com Ele. Considere, então, que quando somos ofendidos por alguém, passamos imediatamente a sofrer e esse sofrimento também se torna espiritual. E isso acontece com Deus. Toda ofensa que fazemos contra Deus chega a Sua memória espiritual. Leve em consideração que todas as pessoas do mundo ofendem a Deus diariamente, porque é isso que acontece. Essa memória não poderia ser de curto, de médio e muito menos de longo prazo. Teria que ser uma **memória infinita**. Logo, eu faço para você um questionamento:

Por que Deus memoriza nossos pecados?

É simples: no fim dos tempos Ele vai julgar toda a raça humana e terá que se lembrar de tudo que fizemos. E a conclusão é mais simples ainda: **creu e arrependeu, salvação; não creu e não arrependeu, condenação**. Creio que você entende agora a importância do **arrependimento** e o que eu lhe falei anteriormente sobre o arrependimento apagar a memória de Deus. Quando nos arrependemos, **Deus esquece**, Ele passa a borracha.

E por que foi que Deus criou a fé? Essa é uma pergunta muito boa. A fé não nasce conosco, nós a temos se Deus nos der. Em Efésios 2:8, está escrito assim:

> "Pois vocês são salvos pela graça, por meio da fé, e isto não vem de vocês, é dom de Deus."

Então a fé é um dom e dada por Deus. Ela também tem tamanho. Veja o que Jesus diz em Lucas 17:6:

> "Se vocês tiverem fé do tamanho de uma semente de mostarda, poderão dizer a esta amoreira: 'Arranque-se e plante-se no mar', e ela obedecerá."

Outra coisa interessante é que a fé advém da experiência, por você ver uma pessoa ser curada, por algo de extraordinário que aconteceu com você. Compreende por que Jesus curou tanta gente? Para que eles tivessem fé. Mas como você já percebeu, Deus sabe tudo e Ele conhece as pessoas a quem Ele não deve dar a fé. Por isso teve gente que viu tantos milagres feitos por Jesus e mesmo assim não acreditou que ele é Deus; e ainda há os que não acreditam. Mas a pergunta que você ainda quer ver respondida é "por que Deus criou a fé?", certo? Vou citar um texto de Paulo para que seja possível compreender mais ainda por que estou falando disso. Em Hebreus 11:1, está escrito:

> "Ora, a fé é a confiança daquilo que esperamos e a certeza das coisas que não vemos..."

A fé é o firme fundamento das coisas que se esperam, ou seja, de algo que você anseia, de algo que você quer muito, é uma esperança. A fé é a prova das coisas que não se veem, quer dizer, aquilo que está invisível e oculto aos olhos humanos. Deus é conhecido como o **Deus invisível**, então, você só poderá vê-lo pela fé. Desculpem-me os cientistas, mas não existe lógica em Deus e a fé não é lógica, é um **dom de Deus**. Conseguiu entender? Ainda não? Tudo bem, o Senhor quer que eu explique bem. Vou usar duas proposições lógicas. Se tiver fé, então você vai querer muito conhecer a Deus. Se tiver fé, então o que é invisível se manifestará para você. Compreendeu agora? Se não, esclareço apenas com uma frase:

Quem é Deus

Deus criou a fé para que você O conheça. Por meio dela, Ele se apresenta para você. De maneira mais simples ainda: se você não acreditar naquilo que o seu vizinho, amigo, filho ou cônjuge fala e ele souber disso, nem virá conversar com você; e Deus ouve tudo, vê tudo e sabe tudo.

No entanto, não é só porque dizemos que acreditamos em Deus que temos fé. Como já disse, **a fé verdadeira vem acompanhada do arrependimento** e, além do mais, existem os treze princípios da fé que não podem ser negligenciados. Como assim treze princípios da fé? Esses princípios foram revelados a Kandroel. Veja-os:

OS TREZE PRINCÍPIOS DA FÉ

1. Crer que Deus é **o Criador** de tudo. Só Ele fez, faz e fará tudo
2. Não há unicidade igual a d'Ele. O **Pai**, o **Filho** e o **Espírito Santo** são três e são um. Só Ele é o nosso **Deus**. Ele sempre existiu, existe e existirá
3. O **Eterno** não é corpo. Conceitos físicos não se aplicam a Ele. Não há nada que se assemelhe a Ele
4. O **Grande eu sou** é o primeiro e o último. Ele é a causa primária de tudo e a causa última de todas as coisas
5. É adequado que se ore somente ao **Senhor**. Não se deve orar a ninguém e a mais nada. Você se dirige em oração a quem você acredita que tem o poder de trazer soluções. Somente Deus está acima de todas as coisas
6. Crer que todas as palavras dos **profetas** são autênticas

7. As profecias são verdadeiras. O **Deus do Impossível** não faz diferença entre seus profetas. Não existe um que seja maior que o outro
8. A **Bíblia**, que se encontra hoje em poder do homem, foi dada pelo **Todo-Poderoso** aos homens
9. A **Palavra de Deus** não será alterada e nunca haverá outra
10. O **Onipotente** conhece todos os atos e pensamentos do ser humano, e o seu conhecimento é totalmente diferente do conhecimento humano
11. O **Pai** recompensa aqueles que cumprem os seus preceitos e pune aqueles que os transgride
12. O **Cristo** voltará e, mesmo que demore, os filhos de Deus esperarão a sua volta a cada dia
13. A ressurreição dos mortos ocorrerá pelo poder do **Espírito Santo** quando for do agrado do **Pai**.

O livro do Apocalipse 2:4 fala do primeiro amor. Muita gente ainda hoje não entende o que é esse primeiro amor, mas no versículo 5 dá para entender que se trata do arrependimento, de se lembrar onde caiu. Eu quero dizer que o arrependimento só vem quando você admite seus erros, quando reconhece que errou e se lembra dos seus pecados. Como você poderia se arrepender de um pecado que não se lembra? Digo que, se a gente quer, o Espírito que habita em nós vem nos lembrar. Muita gente pensa que pedir perdão por atacado resolve e faz isso todo dia. Eu certifico que não resolve. Deus já sabe, mas é preciso explicar certinho para que Ele saiba que você também tem noção do que está falando. Do contrário, Ele não perdoa sem o reconhecimento do erro.

Pense na história de Adão e Eva. Todo mundo lê e gosta de falar desse episódio Bíblico, mas não percebe o quanto Deus foi compreensível e deu várias oportunidades para o casal. Primeiro, Ele perguntou ao homem: "Por que você comeu do fruto que eu ordenei que não comesse?". O homem respondeu: "A mulher que me deste me ofereceu o fruto e eu comi". Ou seja, colocou a culpa em Deus. Depois, Deus perguntou à mulher: "Por que você fez isso?". E a mulher respondeu: "A serpente me enganou e eu comi". Assim, a mulher colocou a culpa na serpente e muita gente faz isso ainda hoje. Se Adão e Eva tivessem assumido que erraram, as coisas seriam diferentes e talvez o "Projeto Jesus" não fosse necessário. Mas eu digo: "Glórias a Deus que não foi assim".

O arrependimento vem com o reconhecimento de que somos pecadores e dos pecados que cometemos. E eu digo que são muitos, que pecamos todos os dias, durante toda nossa vida, até mesmo depois do momento em que você teve fé. Sim, porque a fé não nos impede de continuar pecando. Por isso, é bom saber que você não pode parar de se arrepender. É esse coração que Deus procura. É esse o tal homem, segundo o coração de Deus, falado a respeito de Davi. Então, o arrependimento é o primeiro amor porque, quando conhecemos Jesus, Ele nos faz ver o pecado que existe em nós e nos arrependemos em um gesto de amor. É o primeiro amor porque é genuíno e sincero, e não vem acompanhado de interesse. Nós sentimos essa dor quando olhamos pela primeira vez para Cristo. **O arrependimento dói**.

E o arrependimento nos faz olhar para Cristo. Faz com que nós façamos uma comparação entre nós, que somos imperfeitos, com Cristo, que é perfeito. Eu digo que Jesus é a luz e também o espelho. Quando nós olhamos para esse espelho, vemos nosso reflexo, comparamo-nos com o reflexo de Jesus e entendemos o quanto somos maus e pecadores. Cada vez que nossa vida é corrigida por Deus, olhamos para esse espelho e nossa imagem se parece mais com Cristo. E Jesus é a luz porque, quando você se aproxima, ela ilumina e faz com que seja possível ver aquilo que estava na escuridão; você percebe que há sujeira e mais sujeira, quer se livrar da imundície e ficar limpo, assim como limpa é a Luz. O objetivo do espelho e da luz é que você chegue ao ponto desejável por Deus. Ou seja, que você se torne o espelho que vê e a luz que ilumina. O objetivo maior é não precisar falar nada, nem fazer nada e, ao lhe verem, as pessoas reconhecerem o próprio Cristo refletido na sua face. Isso é esplendoroso, maravilhoso, fundamental.

O MURO

"Visto que continuavam a interrogá-lo, ele se levantou e lhes disse: 'Se algum de vocês estiver sem pecado, seja o primeiro a atirar pedra nela'." (João 8:7)

Eu não sei se você já parou para pensar nisso. As Escrituras Sagradas relatam que homens ouviam a voz de Deus e, muitas vezes, o próprio Deus vinha presencialmente falar com eles. Isso aconteceu com pessoas como Noé, Abrão, Moisés e, um que gosto muito de citar, Paulo de Tarso. Sempre me perguntei por que esses homens ouviam a voz de Deus e eu não ouço. Vocês já souberam de alguém que relatou que ouve a voz d'Ele? Se relatar, ainda mais sem prova, vai ser difícil alguém levar a sério. Por isso, nem vou citar que conheço alguém que ouve a voz de Deus, mas já citei, certo? Muita gente diz que essas pessoas são escolhidas, especiais e, principalmente, pessoas santas. Bem, discordo dessa tese, pois Caim, o primeiro assassino que, com certeza, guardava muito mal em seu coração, ouvia Deus falar. Então, o que será que nos impede de ouvir a voz divina?

Volto a repetir que tudo tem a ver com conhecer e ser conhecido por Deus. Veja que, embora Caim guardasse o mal em seu coração, ele era aquilo que Deus o havia criado para ser: um agricultor. Mas quero deixar essa questão sobre ouvir a voz de Deus bem clara à luz da ciência e com uma nova controvérsia. Começo com uma pergunta: você sabe por que no Antigo Testamento é relatado que o homem vivia mais de mil anos e agora o homem vive, raramente, um pouco mais do que cem? Muita gente aparece com teorias tão absurdas, como "era porque a contagem de tempo era diferente", que eu até penso que se trata de muita má fé. Quando as Escrituras falam que homens viviam até ou mais de mil anos, isso realmente acontecia, ou será que o **Deus da Verdade** mandaria o homem escrever uma mentira? Não, é lógico que não. Isso, sim, considero uma blasfêmia.

Então, digo a você que esse é um dos motivos pelos quais os cientistas estão mais próximos de Deus do que os religiosos. Para destacar, **Deus não criou a mentira e tampouco a religião**. E, para acirrar ainda mais a discussão e você entender o que estou falando a respeito dos cientistas, a história de mais de mil anos no início e cem anos agora e o porquê não ouvirmos a vós de Deus são problemas de DNA. Sim, meu caro: ácido desoxirribonucleico ou DNA. Mas nesse caso, não o DNA biológico, como tratam os cientistas, e sim o DNA espiritual. E posso explicar melhor desde o início.

No princípio Deus nos criou para sermos eternos. Veja só o que Ele diz em Gênesis 1:26:

> "Façamos o homem à nossa imagem, conforme a nossa semelhança."

Essa imagem e semelhança trata-se não só da capacidade de criar, pensar e raciocinar, mas também da capacidade de viver para sempre. Em Gênesis 2:9, é dito que Ele plantou duas árvores no meio do Jardim do Éden: A Árvore da Vida (**quem você é**) e a Árvore do Conhecimento do Bem e do Mal (**quem você escolhe ser**). Já em Gênesis 3:22, veja que está escrito assim:

> "Agora o homem se tornou como um de nós, conhecendo o bem e o mal. Não se deve, pois, permitir que ele tome também do fruto da Árvore da Vida e coma, e viva para sempre."

Isso nos leva a concluir que o fruto dessa Árvore nos faria viver para sempre. Raciocine comigo: Adão e Eva comiam do fruto de tal Árvore e viveram ainda cerca de mil anos e depois deles outros homens, como Matusalém, viveram até mais. No entanto, pelo longo tempo sem comer do fruto, a longevidade foi diminuindo, inclusive por determinação do próprio Deus. O fato é que, com o passar dos anos, o pecado assolando a natureza humana, gerações vivendo sem arrependimento e filhos herdando os pecados dos pais, nós fomos cada vez mais nos afastando de Deus e perdendo esse DNA, **o DNA da natureza divina**. Você sabe que, quanto mais longe de alguém, mais difícil é ouvir a sua voz e não importa o quanto essa pessoa grite; quanto mais distante, menor será o alcance do som da sua voz. Nesse sentido, tenho uma surpresa para você: Deus não fala alto. Eu posso dizer com certeza que Deus quase sussurra; esse quase é menos que sussurrar. Se Ele falar um pouquinho mais alto do que o sussurro, o mundo vira poeira cósmica. Então, conclua comigo: o pecado, a iniquidade – que é o pecado sem arrependimento – e a religião nos afastam de Deus e, por isso, nós perdemos a vida eterna e não conseguimos mais ouvir **a voz d'Ele**.

Você sabe o que é uma fortaleza? É um lugar muito bem protegido para que pessoas consideradas inimigas não entrem. Quando resolvemos seguir o inimigo de Deus, Satanás, nós nos tornamos inimigos d'Ele e, então, construímos fortalezas pessoais para impedir a Sua entrada. Eu quero falar sobre essas fortalezas em outra ocasião, quem sabe, em outro livro. Agora, é importante saber que toda fortaleza tem muralhas que a protegem, e nossas fortalezas possuem vários muros que impedem a entrada de Deus. Entenda que Ele nunca se afastou de nós. Fomos nós que nos afastamos d'Ele. Não foi Deus que causou a expulsão do Paraíso, fomos nós que escolhemos isso. Como diz Jesus, Ele está sempre batendo em nossa porta, mas construímos fortalezas e várias muralhas para que Ele nem sequer chegue perto da porta. Anteriormente, citei **pecado, iniquidade** e **religião**. Olhe a religião aí. Falaremos dela, sim, pois esses são os muros que impedem Deus de chegar mais perto de nós, que tiram de nós a **vida eterna** e que nos impedem de ouvir a Sua voz.

A **iniquidade** é o muro mais afastado de nós e também o mais próximo. É importante que você olhe agora para o DNA espiritual para entender. Você sabe que, ao sermos gerados, nós herdamos parte do DNA de nossos pais. Veja que isso ocorre tanto no material, quanto no espírito. Herdamos a aparência física e a espiritual também. Então, iniquidade são os pecados herdados de nossos antepassados. São os pecados dos quais eles não se arrependeram. Isso é o que acontece quando seus pais não pagam uma dívida: você a herda. Os credores vão cobrá-la. É claro que hoje em dia isso muda conforme a lei do país. No Brasil, por exemplo, a dívida não recai sobre o herdeiro, mas sim sobre o patrimônio deixado. Significa que o herdeiro não tem a obrigação de pagar a dívida que exceda a herança. Mas, observe que, mesmo assim, o herdeiro contrai a dívida até o valor da herança. Nos dez mandamentos, dados por Deus a Moisés, está escrito:

> "[...] sou Deus zeloso, que castigo os filhos pelos pecados de seus pais até a

terceira e quarta geração daqueles que me desprezam, mas trato com bondade até mil gerações aos que me amam e obedecem aos meus mandamentos."
(Êxodo 20:5-6)

Eu tive um aluno que questionava isso. "O que eu tenho a ver com Adão e Eva? Por que eu tenho que pagar pelos erros de outras pessoas?". Bem, se você pensa dessa forma, nem deveria querer herdar o patrimônio dos seus pais, pois é assim que funciona tanto na vida material, quanto na espiritual. Prefiro mais o que disse meu irmão uma certa vez: "Quando cometemos um erro, afetamos todo mundo". Isso, sim, é verdade. Analise bem a seguinte situação: um pai de família, que resolveu roubar uma loja porque estava desempregado, foi preso e deixou sua família mais desamparada ainda. Na prisão, ele se envolveu com criminosos e desagradou o crime organizado, provocando a chacina da sua família. Isso é chocante, não é? Mas não para por aí. O dono da loja roubada não pôde pagar os impostos por causa do prejuízo então a prefeitura deixou de arrecadar o imposto que ajudaria a cumprir a meta do orçamento. Tudo isso por causa do erro de um só homem. Imagine agora se todas as pessoas que tivessem problemas como esse pai de família agissem assim onde iríamos parar? Assim, queira você ou não, estamos de alguma forma ligados materialmente e espiritualmente.

Voltando ao mandamento bíblico, na parte sobre "castigar", em outras linguagens bíblicas está escrito "visitar". Eu, particularmente, acho o termo visitar, e até cobrar, mais correto; mas, definitivamente, acredito que Deus vem mostrar. É isso que Ele está tentando lhe dizer: "Filho, olhe este pecado aqui. Seus pais não se arrependeram, é necessário que você se arrependa no lugar deles". Quando digo que iniquidade é o muro mais próximo, é porque ela está em você, no seu DNA espiritual. Você herdou dos seus antepassados. Quando digo que é o muro mais distante, significa que seus antepassados retrocedem, a partir de seus pais, até Adão e Eva. Você ainda pode me perguntar: "Mas como eu vou me recordar de tudo isso?". É preciso ter a ciência, é necessário entender, é importante saber o motivo pelo qual você está pedindo perdão; deve ser específico e não pode ser por atacado. Então, a resposta é simples: você simplesmente não pode, não consegue. Como digo, usando as palavras de Jesus:

> "[...] Para o homem é impossível, mas para Deus todas as coisas são possíveis." (Mateus 19:26)

É esse um dos nomes d'Ele: **o Deus do Impossível**. E Ele habita em você. Sim, se você quiser. Trata-se de querer: Deus permite e nunca vai proibir que você use o tal livre-arbítrio. A escolha é sua. Então, se quiser, basta pedir para o Deus que habita o seu interior: o **Espírito Santo**, conhecido também como o **Espírito da Verdade**. Ele lhe mostrará todas as suas iniquidades para que esse muro seja destruído e Deus fique mais próximo de você.

Já o **pecado** é o muro do hoje e do ontem. Quando Deus enviava os antigos profetas para confrontar o povo de Israel, era porque queria mostrar a eles que estavam vivendo uma vida de pecado e precisavam se arrepender para que o **cálice da ira de Deus** não se enchesse e **Aquele que é o escudo** se voltasse contra eles. E isso aconteceu muitas vezes. O povo não dava ouvidos aos profetas, e pior: acabava matando-os. Deus, então, os entregava nas mãos de outros povos como escravos. Veja que isso acontecia materialmente, mas eles não percebiam que, espiritualmente, já eram escravos. Sim, escravos do pecado. Deus não estava fazendo nada, era aquilo que já estava dentro deles que veio para fora. O que acontece no mundo espiritual tende a se manifestar no mundo material. Intenso isso, não é? Portanto, os antigos profetas traziam uma mensagem ao povo: **"arrependam-se dos seus pecados"**. O último profeta que colocou os pés na Terra antes de Jesus foi João Batista e, enquanto esteve aqui, espalhou a mensagem: **"arrependam-se dos seus pecados"**. Jesus chegou e continuou pregando a mesma verdade, porém explicando claramente a necessidade do arrependimento. Ele dizia:

> "Arrependam-se, pois o Reino dos céus está próximo."

Já transcorreram mais de dois mil anos depois que Cristo pisou na Terra. A maioria dos religiosos insiste em falar que todos foram perdoados pelo sangue de Jesus e que basta aceitá-Lo e crer n'Ele que está tudo resolvido. Muitos trocaram as palavras de confronto pela teoria da prosperidade. "Venha para Jesus que você terá tudo o que quiser". É preciso que você entenda: Deus é o Deus de Promessas, e não de barganha. Se você O aceitar e crer n'Ele, Ele vai aceitar você também, mas vai querer transformá-lo **na pessoa que Ele criou para ser.** Vai querer que você esteja sem pecado, pois só pode se aproximar do **Santo de Israel** aquele que também é santo. Quando você quer limpar sua casa, começa de fora ou de dentro? Pois Deus age assim. O objetivo d'Ele não é cuidar da sua vida financeira, pode ser que depois faça isso, mas Ele vai limpá-lo primeiro. **Deus trabalha de dentro para fora.**

Você sabe por qual razão esses que se dizem pastores não levam nas suas mensagens **palavra de confronto**? Porque na verdade eles não confiam em Deus. Erguem um templo com o intuito financeiro, e não de adoração. Assim, não confiam que Deus tocará os corações dos fiéis. Eles não precisam de Deus, mas sim pagar o aluguel do templo e de suas casas e sobreviver. Olhe o mundo como está. As pessoas não têm medo de colocar uma mentira na própria boca para se beneficiar materialmente. Eu falo isso em uma época em que aquilo que Deus detesta se espalha pelo mundo cibernético e entra na casa de todos. Deus detesta a mentira e o pecado, porque essas coisas nos afastam d'Ele. Afirmo que por um tempo as coisas vão parecer melhorar, mas, logo depois, descambarão para o fim. Porém hoje, neste exato momento, nunca foi tão necessário trazer a todos a **mensagem dos profetas e de Jesus Cristo**:

> "O Reino de Deus está próximo. Arrependam-se e creiam nas boas-novas!" (Marcos 1:15)

Essa é a mensagem que eu também trago a você, pois o arrependimento destrói o **muro do pecado**. O pecado é o muro do hoje porque tudo o que você está fazendo neste momento que desagrada a Deus é pecado. É o muro do ontem porque você pode ter feito coisas das quais Deus espera que você se arrependa e não transfira para seus filhos, assim como os seus pais fizeram. O que mais eu preciso dizer? Como profetizou Paulo, não existe força maior do que o amor. "**Só o amor pode nos salvar**". Lembra que falei que o arrependimento é o primeiro amor? É desse amor que Paulo nos alertou. **Arrependa-se**.

Agora entrarei no assunto mais controverso deste livro. A **religiosidade** é um muro coberto por duas camadas que fazem com que os muros da iniquidade e do pecado fiquem pequeninos perante sua espessura e solidez. As pessoas costumam falar dos religiosos como se fossem pessoas cheias de santidade, acima de qualquer julgamento, separados dos meros e simples mortais, os intocáveis, aqueles que conseguem falar com Deus, os que intercedem por nós, os representantes de Cristo na Terra. Tantos louvores e glórias lhes são dadas que Deus acaba por ficar no chinelo. Mas tenho algo impactante para contar: Deus detesta a religiosidade e consequentemente é inimigo daqueles que carregam tal denominação. Deus não criou a religiosidade e nunca foi intuito de Jesus fundar qualquer religião. Quando Jesus fala de Igreja, Ele se refere a pessoas.

O que é a Igreja será o assunto para outro livro, mas resumirei, mesmo que você não compreenda agora. Deus é um **arquiteto perfeito**. Quando criou o homem, Ele o chamou de **Adão**, que significa **humanidade**. Filhos são importantes para Deus, por isso Ele criou o homem. Contudo, sozinho, o homem não poderia dar mais filhos para Deus. Então, fez a mulher e chamou esse ajuntamento de **família**, para que daí viessem mais filhos para Deus. O resultado disso é a humanidade. Logo, o que é a Igreja? Casal, família, humanidade – Deus ama as pessoas, Deus ama a família, Deus ama a humanidade.

Isso é a Igreja de Cristo. Acredite quando digo que **os filhos de Deus** estão por aí, espalhados pelo mundo, esperando o dia em que todos se manifestarão nos padrões conforme a **vontade de Deus**. Compreenda que os filhos d'Ele não fazem o estereótipo religioso e, tampouco, a Igreja é aquele templo construído de pedra, tijolo e cimento. **A Igreja são pessoas**. Quando Jesus falou de Igreja, pegou Pedro como exemplo, dizendo que ele era uma pequena pedra da construção da Igreja, assim como todas as outras pessoas que seguissem a Cristo Jesus.

A **religião** tem origem na construção da Torre de Babel, como explicado em Gênesis 11:1-9. Os homens falavam uma só língua e se uniram para construir uma torre que alcançasse Deus. Então, o **Todo-Poderoso** provocou uma confusão linguística entre eles, de modo que não compreendiam mais o que um falava para o outro e, assim, foram espalhados pela Terra. O cerne dessa questão não está na construção de uma torre, mas na intenção de alcançar Deus com seu próprio esforço. Isso é religião. **Todo esforço que você faz para alcançar Deus é religião**. Se alguém traça um caminho na busca da perfeição, achando que com isso alcançará Deus, está fadado ao fracasso. A palavra "religião" vem do latim *religare* e significa voltar a ligar algo ou religar aquilo que foi desligado; no caso dos religiosos, voltar a religar o homem a Deus, porém, nós nunca conseguimos fazer, com nossas próprias forças, essa religação com Deus, foi Jesus quem fez. Quando alguém faz um esforço para vencer uma maratona, a **glória** da vitória pertence a essa pessoa. Foi ela que atravessou a linha final. Quando buscamos chegar a Deus por meio dos nossos próprios esforços, a vitória pertence a nós, e não a Deus. Se fosse dessa forma o alcance a Deus, não seria necessário que Ele fizesse o "Projeto Jesus", e o próprio Deus diz em Isaías 42:8:

> "Eu sou o Senhor, este é o meu nome!
> Não darei a outro a minha glória [...]."

Assim, se você usa da religião como artifício para alcançar Deus, está buscando roubar a Sua glória e é um religioso. Olhe para o esforço das religiões e dos religiosos e o quanto têm fracassado com eles mesmos e com os outros. São esses que, como disse Jesus, estão na porta, mas não entram nem deixam quem deseja entrar. Os filhos de Deus são aqueles que esperam por

Deus para lhes apresentar e ser apresentado por eles. Os religiosos, por sua vez, fazem questão de aparecer em praça pública para que todos vejam como são santos e representantes de Deus. Os filhos do Pai falam com Deus como se Ele estivesse ao seu lado, algo único e íntimo. Os religiosos falam com Deus como se Ele estivesse muito distante, em um formoso templo, em um lugar inalcançável. Deveras, para eles, Deus realmente está distante. Os frutos que produzem os denunciam. Os filhos de Deus oram em um lugar onde ninguém possa ver, na sua casa em oculto. Os religiosos oram em cima de púlpitos e praças públicas. Os filhos de Deus oram assim: "Meu Pai, me perdoe, pois pequei". Já os religiosos: "Óóóó Deus Todo-Poderoso, tu sabes que tudo eu tenho feito para te agradar". Observe e você os reconhecerá.

Eles não mudaram nada desde a época em que Jesus os denunciou. Vivem de aparência e pela aparência. Quando Jesus ainda estava na Terra, usavam na testa os filactérios, uma caixinha com os mandamentos escritos em um pergaminho, e oravam em praça pública para que todos vissem que eram santos, mas por dentro escondiam o orgulho e a hipocrisia. Orgulho porque não conseguiam admitir que eram pecadores como todos. Hipocrisia porque mostravam uma coisa por fora, mas por dentro eram outra. Como diriam as palavras de Jesus:

> "Vocês são como sepulcros caiados: bonitos por fora, mas por dentro estão cheios de ossos e de todo tipo de imundície." (Mateus 23:27)

Olhe para o estereótipo dos religiosos. Sim, olhe para eles. É tão fácil de vê-los. Estão por toda parte, nos templos de pedra, nas esquinas, na política. Sim, na política. E da mesma forma que Jesus denunciou antes, eu denuncio hoje, porque nada mudou. Vivo em um país que mostra claramente as caras dos religiosos e eles agem da mesma forma que os do tempo de Jesus. Naquele período, os mestres da lei faziam de seus trabalhos a atividade política. Eles se envolviam com a política. Para se livrar de Jesus, o entregaram ao sistema político de Roma. A quantidade de pessoas que se dizem pastores de uma denominada igreja e se envolvem com agendas políticas atualmente é absurda. Analise o comportamento dúbio: criminalizam a política, falam que os políticos são mentirosos e corruptos, mas eles mesmos concorrem e exercem cargos políticos, incorrendo nos mesmos atos. Não têm medo algum de mentir ou ferir a imagem de outros por causa disso. Como eu disse, eles não se importam com o **reino de Deus**, mas sim com o reino deles. Falam que fazem isso porque estão lutando para que não sejam implantadas leis ou ações contra a vontade de Deus. Dizem que estão defendendo as vontades de Deus, mas quem disse que Ele precisa ser defendido? Nós é que precisamos que Ele nos defenda. Não é Ele que precisa de nós, somos nós que precisamos d'Ele. Além do mais, como é que você pode fazer o que é mau para servir **o Único que é bom**? Essa é uma frase que me impacta muito e gosto muito de dizer: **Deus não compactua com o erro**.

Outro detalhe é que os religiosos de ontem viviam de aparência e pela aparência e os de hoje não são diferentes. O religioso é aquele que usa uma roupa cobrindo todo o corpo para dizer que é santo e vai à igreja dessa forma para que todos o vejam assim. Não estou dizendo para andar mal-vestido; estou falando da intenção, do objetivo. Olhe para o religioso que passa perto do templo de pedra e faz o sinal da cruz. Será que ele nunca viu que Deus habita dentro dele? O templo de Deus é a própria pessoa. Será que o templo de pedra merece mais respeito do que o templo verdadeiro? Enquanto acham que o de pedra é santo, eles, que deveriam ser santos, se tornam cada vez piores perante os olhos de Deus, porque não olham para si mesmos e para seus pecados. Observe a diferença entre a atitude **dos filhos** e a **dos religiosos**: os filhos de Deus habitam **casas** e os religiosos habitam em **templos**. Será que eles nunca leram sobre o encontro de Jesus com a samaritana? Será que não entendem que Jesus estava falando para ela desse tempo, onde Deus seria adorado, não em montes ou templos de pedras, mas **em verdade e em espírito**? Eles nunca O verão porque se julgam muito maiores do que o Espírito que os habita.

O muro da religião é reforçado por duas camadas de cimento sólido: **o orgulho e a hipocrisia**. O orgulho nos impede de ver os pecados e a hipocrisia tem o objetivo de deixar esse muro invisível aos olhos humanos, mas os olhos de Deus veem tudo. O orgulho tem sua origem no início quando Adão e Eva resolveram colocar a culpa em Deus e na serpente. As pessoas orgulhosas não conseguem admitir seus erros. Elas acham que o que fazem é incontestável. Acreditam que foram feitas à prova de falhas. O que é o orgulho então? Em primeiro lugar, é um sentimento que a pessoa possui a respeito de si mesma ou de algo que conquistou. Talvez você se orgulhe de uma conquista na sua vida; os religiosos se orgulham de todas; mas os filhos de Deus não podem ter esse sentimento, porque tudo que eles têm vem de Deus e tudo que eles fazem também. Afinal, os filhos de Deus se tornaram aquilo que o Pai os criou para ser. O fato de sentirmos orgulho a respeito de nós mesmos é porque ainda não entendemos que, perante Deus, todos somos iguais.

Existem alguns sinônimos para essa palavra que ajudam a esclarecer melhor o pecado do orgulho: altivez e vaidade. Uma pessoa altiva se considera superior aos outros. Entendeu a contradição, considerando que perante Deus todos somos iguais? Uma pessoa vaidosa coloca sua aparência em primeiro lugar em relação aos outros e a si mesmo. Compreende? Agora, cito o antônimo de orgulho para você tirar todas as suas dúvidas: **humildade**, a qualidade que todo aquele que segue **Jesus, o Cristo**, deve ter. Consegue perceber que **o orgulho é coisa de religioso**? Ele se julga superior aos outros e isso o torna incapaz de olhar para o seu pecado. A pompa de ser um mestre da lei, um pastor ou um padre os impede de ver o próprio pecado, porque eles pretendem ser venerados por seus atributos superiores. Por essa razão, adoram ser vistos em cima dos púlpitos mostrando seus conhecimentos das Escrituras e sua suposta sabedoria. Eles não entendem que quem tem orgulho é ídolo e idólatra. É adorado e adora a si mesmo, portanto, praticam aquilo que mais os afasta de Deus.

Já a **hipocrisia** é fachada do muro da religiosidade. É impossível dissociá-la do religioso. É a sua marca registrada. O hipócrita quer que você veja que ele é aquilo que demonstra, mas esquece que Deus conhece o íntimo do coração humano. Quer conhecer o hipócrita? Olhe para as características: falsidade, dissimulação e fingimento. A pessoa hipócrita tem o objetivo de passar para você o que ela não é; e pior, faz com que você carregue fardos que ela mesma não carrega ou finge carregar. Quer entender melhor como é uma pessoa hipócrita? Analise seu oposto: lealdade, sinceridade, franqueza, honestidade e por aí vai.

A hipocrisia e o orgulho andam entrelaçados com a religiosidade e é por isso que esse muro nos afasta tanto de Deus. Pense na época de

Jesus e você notará que houve muito conflito entre Ele e os religiosos da época. Jesus fez muitos milagres e lhes falou claramente quem Ele era, mas esses homens não cederam. Não é que não viram, é que eles se achavam os detentores da lei e os sacerdotes de Deus e estavam prontos para destruir qualquer um que viesse lhes tomar o lugar. O orgulho e a hipocrisia impediram que recebessem **Aquele** que veio para eles mesmos.

Um traço impossível de não reconhecer no religioso é o apontamento do erro dos outros. Em Mateus 7:1, Jesus diz:

> "Não julguem, para que vocês não sejam julgados."

Observe essa ordem que Jesus nos dá e que se confirma em Mateus 7:3, quando Ele diz:

> "Por que você repara no cisco que está no olho do seu irmão e não se dá conta da viga que está em seu próprio olho?"

Acontece ainda da mesma forma em João 8:7, quando Jesus diz:

> "Se algum de vocês estiver sem pecado, seja o primeiro a atirar pedra nela."

Essas palavras ditas de maneiras diferentes nos mostram a mesma coisa: se julgarmos os outros pelos erros que vemos neles e tivermos pecado, também seremos julgados. Isso nos leva a entender que podemos julgar se, e somente se, não tivermos pecado. Mas acontece que um monte de gente tem viga no olho e está apontando o dedo por aí, principalmente os religiosos. O exemplo mais comum é o dedo apontado para os homossexuais. Existem vários textos bíblicos que tratam a homossexualidade como pecado, e disso não podemos fugir, de fato é. No entanto, também há textos que falam de outros pecados; e a Bíblia não dá tamanho ou gravidade para os pecados. Ou seja, não existe pecadinho e pecadão. Pecado é pecado e acabou! O texto bíblico que mais me chama atenção sobre o assunto está em 1 Coríntios 6:9-10:

> "Vocês não sabem que os perversos não herdarão o Reino de Deus? Não se deixem enganar: nem imorais, nem idólatras, nem adúlteros, nem

> homossexuais passivos ou ativos, nem ladrões, nem avarentos, nem alcoólatras, nem caluniadores, nem trapaceiros herdarão o Reino de Deus."

Da forma como os apontadores agem, dá a impressão que só existe na passagem a palavra homossexuais. Assim, se você analisar, vai perceber o tamanho da hipocrisia das pessoas, pois elas estão cheias de pecado e julgam aqueles que, pelo menos, são sinceros ao expor o próprio pecado. É claro que os homossexuais não entendem assim, mas o fato é que o seu pecado está exposto, enquanto o dos apontadores está oculto dentro deles, fazendo-os agir com tamanha falsidade. Por acaso isso não é hipocrisia? Não é religiosidade?

Muita gente tem a ilusão de que a religião se confunde com Deus e que Deus se mistura com a religião. Isso acontece porque o Deus em que creem tem sua origem no judaísmo, uma religião. Contudo, é necessário compreender que o Pai nunca se referiu aos hebreus como **minha religião**. Ele sempre os chamou de **meu povo**:

> "[...] se o meu povo, que se chama pelo meu nome, se humilhar e orar, buscar a

> minha face e se afastar dos seus maus caminhos, dos céus o ouvirei, perdoarei o seu pecado e curarei a sua terra." (2 Crônicas 7:14)

Não, definitivamente Deus não se confunde com religião alguma. Ele faz com os religiosos e com as religiões o mesmo que fez com os construtores da Torre de Babel: confunde-os; faz com que fiquem uns contra os outros, com que sua cegueira aumente cada dia mais; divide-os e os espalha pelo mundo. Só um exemplo para assimilar melhor: há tantas construções que se dizem a Igreja de Jesus no mundo. Contabilize as que se encontram em sua cidade, em seu bairro. Talvez haja uma em cada esquina. Todas juram pregar Jesus, O Cristo, mas estão divididas. Cada uma tem um nome diferente na fachada, cada uma com suas convicções, cada uma jurando ser a melhor. Preciso dizer mais?

Agora que compreende o que é religiosidade, continue olhando para as religiões. Tente identificar aquelas que passam a mensagem, mesmo sem querer, de que é com seu esforço que alcançará Deus. Sim, porque religião é isso. É possível identificar muitas carregadas de religiosidades, seja as que pregam Cristo como seu Senhor ou as que pregam outra coisa. Posso elencar vários exemplos. Há a religião que prega com a Bíblia na mão, mas passa mensagens que contrariam as Escrituras. Isso por acaso não é hipocrisia? Há a que prega que você tem que viver fazendo caridades para poder alcançar a perfeição. Por acaso isso não é esforço? Tem também aquela que diz que só entra no céu aqueles que pagam o dízimo. Por acaso isso não é barganha? E a religião que diz que a sua é melhor que a dos outros. Por acaso isso não é orgulho?

Se você acha que para por aí, olhe para as religiões que buscam seguir uma determinada lei do Antigo Testamento. Essas são as mais religiosas e malditas, porque buscam obedecer a um artigo da lei sem levar em consideração todo o conjunto, que é tão ou mais importante. Por exemplo: se você obedece ao sábado, por que então não obedece também à parte que diz que todo aquele que desobedecer ao sábado deve morrer? Entenda que o **sábado é Jesus**. Quem desobedece a Ele não deve apenas morrer, mas já está morto, ou seja, perdeu **a vida eterna**. A lei foi necessária para mostrar o pecado que estava em nós e para provar que nós não conseguimos nos livrar dele, tendo a obrigação de cumprir a lei. Isso é esforço, é religião. Era o tempo da lei e esse tempo já passou. Jesus veio dar o verdadeiro sentido a ela. Foi o único a conseguir cumprir a lei e morreu no nosso lugar por amor, para nos provar que sem Deus nós não conseguimos fazer nada; para nos provar que não é por esforço, é por amor. Com Jesus, o tempo da graça começou. É o tempo de se arrepender e fazer as coisas para Deus por amor. Muitos líderes religiosos falam de amor, mas não entendem sobre o que estão falando. Acabam, assim, incentivando seus seguidores a obedecerem a Deus por obrigação ou em troca de recompensas.

Para compreender a fala de Paulo em 1 Coríntios 13, é preciso voltar ao início de tudo, quando Deus deu o **livre-arbítrio** para Adão e Eva. Acha-se que tudo que Deus faz é bom, e de fato é, mas prefiro dizer que **tudo que Deus faz tem um propósito**. Ele deu o livre-arbítrio para o homem não porque é bom, mas para lhe provar o seu **amor**. Os relatos contam que existiam duas árvores no Jardim do Éden: uma da Vida e outra do Conhecimento do Bem e do Mal. Não se tratava de desobedecer ou de obedecer. Tratava-se de escolhas. Você escolhe a Árvore da Vida ou a do Conhecimento do Bem e do Mal. Para ser mais claro: Você quer que Deus escolha por você ou quer fazer suas próprias escolhas? Isso é o livre-arbítrio. Deus nos deu isso para nos dizer que Ele não queria que O obedecêssemos por obrigação. Ele nunca nos quis por obrigação. Quando se quer que alguém fique com você por obrigação, isso não é amor, é paixão. Leia o que Paulo fala sobre amor e entenderá profundamente sobre o que estou falando. Quando Jesus morreu na cruz, provou o amor que Deus tem pela humanidade.

A lei dada aos israelitas tinha pena de morte em todos os seus artigos e, de fato, quando uma pessoa comete um crime, ela precisa ser julgada e punida. Isso está em todas as leis e, na lei de Deus, a punição era a morte. Durante toda a existência, a humanidade cometeu os piores crimes. Todos desagradamos e ofendemos Deus das piores formas possíveis. Nós deveríamos pagar por esses crimes com a morte. Na época de Jesus, Ele era inocente de todos os crimes da humanidade. Viveu como homem e não pecou. Então, em um gesto de amor, fez aquilo que para nós era impossível, pois, como dizem as Escrituras, um cordeiro perfeito deve morrer para cobrir o pecado de muitos. Ele pagou o preço por nossos erros, preço de cruz e de sangue. Por algum acaso um comerciante oferece um quilo de ouro de graça a um comprador? Pois Jesus fez isso. Ele nos salvou de nós mesmos de graça para provar o amor que Deus mostrou no princípio, quando nos concedeu o livre-arbítrio.

Hoje, da mesma forma que Ele fala "Arrependam-se, pois, e voltem-se para Deus, para que os seus pecados sejam cancelados" (Atos 3:19), também diz "Vocês receberam de graça; deem também de graça" (Mateus 10:8). Vivemos no tempo da graça, e não da barganha. Vivemos no tempo da graça, e não do esforço. **Vivemos no tempo da graça, e não da lei**. Não é obedecendo a um mandamento ou vários que você alcançará Deus. Primeiro porque é Ele que vem até nós, e já está em nós. E segundo porque não é por obrigação, mas sim por amor; e não há amor naquilo que você faz por obrigação.

Agora uma coisa triste: todos nós somos religiosos. Lembra que, depois que Deus confundiu a língua dos construtores da Torre de Babel, eles se espalharam pelo mundo? Carregaram consigo o empenho tolo de alcançar Deus com os seus próprios esforços. E lembra que falei sobre

DNA espiritual? Bem, talvez eu não precise dizer mais nada para que você entenda, mas vou dizer para fixar: sim, todos nós carregamos, em alguma medida, a religiosidade dentro de nós. A exemplo, podemos começar por pensar que este livro é sobre conhecer Deus e ser conhecido por Ele. Ora, nos tornamos pessoas desconhecidas de Deus por fazermos nossas próprias escolhas. Quando compramos um alicate, não podemos usá-lo como chave de fenda. É um alicate, não é uma chave de fenda, senão seria falsa. Se nos tornamos algo que não fomos feitos para ser, então somos falsos em nós mesmos. Falsidade é sinônimo de hipocrisia e isso é religiosidade. Se em alguma medida nos orgulhamos do que nos tornamos, sem ser da vontade de Deus, então somos orgulhosos e isso também é religiosidade. Você pode dizer: "Então estamos todos condenados". Calma, para nós parece impossível, mas, se você acredita no Deus do Impossível, Ele tudo fará para aqueles que O amam. E afirmo a vocês: **Deus quer destruir todos os muros que O impedem de se aproximar de nós**. Comece olhando para os cientistas. Não para o que eles acreditam, mas para a atitude de se manterem longe das religiões.

Finalizo esse assunto com algo muito importante para que você compreenda perfeitamente sobre o que estou falando. Creio que todos conhecem a oração que Jesus ensinou, o **Pai-Nosso**. Muitos a repetem como se fosse um clamor. Oração se faz uma só vez, clamor você repete. Mas, nesta oração, Jesus está nos ensinando a pedir que Deus venha destruir os muros que construímos para nos separar d'Ele. No início, é dito:

> "Pai Nosso, que estais no Céu!
> Santificado seja o Teu nome, venha o
> Teu Reino [...]." (Mateus 6:9-10)

Perceba que não é dito "que nós consigamos alcançá-lo". Está escrito: "venha o Teu Reino". Jesus está nos induzindo a pedir para que Deus destrua o **muro da religiosidade**. Que Ele venha a nós, e não que nós devamos ir a Ele, pois seria o esforço simbolizado na Torre de Babel.

O MAR, O DESERTO, A GUERRA E AS PROMESSAS

Conhecer Deus passa pelo processo de se tornar quem Ele o criou para ser. É preciso que você nasça novamente, como Jesus disse a Nicodemos certa vez:

> "Ninguém pode ver o Reino de Deus, se não nascer de novo." (João 3:3)

É um processo de reapresentação. Como Deus pode conhecê-lo se você deixou de ser quem Ele o criou para ser? Observe que o Pai já o conhecia antes, mas, por meio de suas próprias escolhas, você se transformou em uma pessoa desconhecida. Para entender melhor, olhe para o seu melhor amigo e pense nele da seguinte maneira: no início, vocês foram apresentados um para o outro. Depois, com a convivência, se conheceram melhor até se tornarem muito íntimos e confiarem um no outro a ponto de dividirem segredos. Assim, nasceu uma grande amizade. Agora, pense na seguinte hipótese e responda à pergunta: se você conhecesse esse seu amigo pela televisão ou em um determinado show e investigasse a vida dele para conhecê-lo profundamente, porém ele nunca soubesse da sua existência, por um acaso, seria ele seu amigo? É claro que não. Perceba, você não pode conhecer Deus sem que Ele o conheça e Deus não pode conhecê-lo sem que você O conheça também.

O que tem acontecido é que Deus nos conhecia e nós nos tornamos desconhecidos para Ele. É como se Ele soubesse tudo sobre você porque, quando te planejou, já sabia quem você seria; contudo você não sabe nada sobre o Senhor justamente porque se tornou outra pessoa. Se fosse aquilo que Deus o criou para ser, reconheceria a Ele olhando para si mesmo. Não é olhando para o **homem Jesus** que vemos Deus? Ele olha para você, mas você não pode olhar de volta. É como se não correspondesse à amizade d'Ele. E, sim, o Pai sabe quem você é, mas sabe também no que se transformou, e esse em quem você se transformou Ele desconhece.

Abraão é conhecido como **o amigo de Deus** e é assim que Deus quer que nós sejamos conhecidos também: **amigos de Deus**. Você sabe que uma grande amizade é dotada de muita intimidade. Deus está sempre entusiasmado para ver a gente lhe contar nossos mais íntimos segredos, mesmo que Ele já saiba. E a coisa mais maravilhosa: o Senhor anseia para nos contar seus mistérios. Ele é conhecedor dos mais profundos segredos e quer dividir isso com seus amigos. As perguntas que se deve responder são: você quer se tornar aquilo que Deus te criou para ser? Quer saber quem Deus é? Deseja conhecer os segredos de Deus? Você quer ser amigo de Deus? Para que isso aconteça, as respostas têm que ser um estrondoso **SIM** do fundo do coração. **Tem que querer** e Deus te colocará em lugares e situações que você passará a verdadeiramente conhecê-Lo e também a ser conhecido por Ele.

Muitos acreditam que a **presença de Deus** é algo agradável. Isso porque essas pessoas não entendem que Deus é uma **força inimaginável**.

Pense no poder do sol e o quanto é possível ficar exposto ao seu calor durante o dia. Você não poderá ficar tomando sol o dia todo, mas somente em um pequeno período do dia recomendado por médicos. Reflita agora sobre, se você estivesse no espaço, mesmo com uma forte proteção, o quanto você poderia se aproximar da bola de fogo gigante? O sol é muito poderoso, mas nem chega perto da poderosa **força de Deus**. Por isso, eu afirmo que as pessoas que sentem satisfação, um frescor maravilhoso e sentimento de leveza ao pensar que se aproximaram de Deus estão totalmente enganadas. Primeiro, porque o poder de Deus é indescritível. Leia a Bíblia para ver o que aconteceu com todos aqueles que ousaram colocar os pés em solo sagrado sem autorização. Segundo, porque Deus é confronto, então se prepare para sentir remorso, dor de arrependimento na alma e por todo o corpo, porque, depois que entrar nas etapas de conhecer e ser conhecido, Deus vai te colocar **no mar, no deserto e na guerra** para te confrontar. Ele mesmo vai lutar contra a sua natureza humana. Posso afirmar que é sofrimento o que te espera. Contudo, o objetivo de Deus é claro: Ele está te colocando no **caminho das promessas** planejado para você desde o dia em que o amou primeiro, desde o dia antes da sua existência, antes de você buscar ser outra pessoa.

Quando se escolhe conhecer Deus para ser conhecido por Ele, o Senhor te coloca em lugares e situações para transformá-lo na **pessoa que Ele criou para ser**. Os primeiros lugares são o mar, o deserto e a guerra. Quando os israelitas decidiram seguir Moisés para escaparem da escravidão do Egito, existia uma rota mais curta e eles não precisariam passar pelo mar. Mas foi pelo mar que Deus ordenou que passassem, e foi pela rota mais longa através do deserto que o Senhor mandou que caminhassem. Nós não entendemos os **propósitos de Deus,** e eu já lhe disse que tudo que Ele faz tem um propósito. Pois então afirmo que era propósito de Deus que os israelitas passassem pelo **mar**.

Ao ser indagado por Nicodemos sobre o nascer novamente, em João 3:5, Jesus respondeu:

> "Digo-lhe a verdade: Ninguém pode entrar no Reino de Deus se não nascer da água e do Espírito."

Preste atenção que Jesus afirma que, para entrar no Reino de Deus, é preciso renascer, ser outra pessoa. Para sair de um país e entrar em outro, com o intuito de residir, é necessário que se adquira uma nova nacionalidade, novos documentos, nova identidade e nova cultura. Sabemos que é assim e na passagem Jesus não está falando de maneira diferente e complicada. Ele está dizendo claramente que o **Reino de Deus** é uma outra cultura. Para começar, trata-se de uma **monarquia**, e não de uma república ou outro regime de governo. Isso significa que no Reino de Deus você não pode fazer o que quiser. Há um Rei e somente é possível fazer aquilo determinado por Ele. No Reino de Deus, você não pode pecar, xingar, odiar, mentir... Acredito que tenha entendido que o Reino de Deus exige uma severa mudança de caráter, certo? Porém não se preocupe, nós não temos poder para tal mudança. Mas ainda bem que o **Rei é Deus**.

Voltando para o mar, note que ele é formado de água, e bem salgada. Se você tiver com um corte inflamado na pele e entrar no mar, esse corte vai arder, mas a água salgada vai ajudar a curá-lo. A água é um elemento que lava e limpa, certo? Então, Deus te coloca no **mar** para que você seja limpo dos seus pecados e curado das suas feridas. O que isso significa? Que será muito bom?

Eu não diria bem isso, diria que, quando alguém mostra os nossos erros, os maus costumes que a gente considera bons, e ainda fala que teremos que largar aquilo de lado, isso dói um bocado. Dói quando somos confrontados. Pense em um viciado, um dependente químico, um usuário de drogas. Como é doloroso largar o vício. Bem, no mar de Deus, será mais ou menos assim.

O mar foi o primeiro lugar em que Deus colocou os israelitas quando os tirou da escravidão do Egito. Antigamente, um escravo devia sua vida ao seu senhor. Muitos trabalhavam até a morte e poucos conseguiam sua alforria. É importante compreender que as Escrituras Sagradas, Antigo e Novo Testamento, são **um desenho de Jesus**. Em toda a Escritura, Deus, percebendo que nós não conseguíamos alcançar a libertação, desenhou Jesus para que pudéssemos entender. Jesus nos libertou da escravidão do pecado. No entanto, não confunda e ache que, já que Jesus morreu por nós, está tudo resolvido. Existe um caminho para trilhar. **Um caminho estreito**. Esse caminho é Jesus. Todo aquele que reconhece Jesus como Senhor entra nesse caminho. O próprio Jesus se tornou o caminho de volta para a Árvore da Vida.

Muita gente pensa que, quando Deus tirou os hebreus da escravidão, Ele estava falando do trabalho escravo, mas naquela época e no tempo de Jesus, a escravidão era a mesma. Deus nunca falou de escravo do trabalho, e sim da escravidão do pecado. Os hebreus viveram por quatrocentos anos em um lugar cheio de idolatria e pecado. Imagine quantos hábitos são adquiridos diariamente das pessoas com quem você convive. Hábitos bons, hábitos ruins. É certo aquele ditado: "Diga-me com quem andas que eu te direi quem és". Se for casado e parar para analisar, perceberá que, quando solteiro, você possuía hábitos muito diferentes daqueles que obteve depois de se casar. E quanto tempo você tem de convivência com sua amada ou seu amado? Dez, vinte, trinta anos? Logo, quatrocentos anos é muito tempo, é muita vida, são várias gerações. E a **religião** imperava naquele país. Deuses variados e diferentes. O próprio governante era considerado um deus. Esse muro gigante afastou os hebreus de Deus, mas havia uma **promessa** e a **fidelidade de Deus** é incomparável. Por isso, o Senhor levou o povo para o mar. Havia outro caminho, contudo era necessário passar pelas águas. Era necessário que esse povo iniciasse uma nova etapa de vida para se tornar quem Deus o criou para ser: **o Seu povo**.

O Egito lhes dera uma outra identidade. Eles haviam perdido a identidade do Reino de Deus naquele lugar e, para voltarem a ser novamente o povo de Deus, teriam que adquirir um novo caráter, ser limpos, morrer e nascer novamente. As águas significam morte, porque ninguém consegue ficar muito tempo sem respirar submerso. Significam nascer novamente, porque se é tirado delas para fora, que é seu habitat natural. **As águas significam limpeza**. No mundo material, existem várias coisas que podem ser consideradas sujeiras, mas no mundo espiritual a sujeira é o pecado. Pense no desenho de Jesus. Milênios depois, antes de iniciar seu ministério, antes de ir para o deserto, Jesus se apresentou para ser mergulhado nas águas e receber o batismo de João Batista. Portanto, quando você quiser, de todo o seu coração, conhecer Deus, a primeira coisa que Ele fará é te colocar no mar.

Por sua vez, **o deserto tem o cheiro de morte**. De dia, faz um calor insuportável e, à noite, é muito frio. Porém Deus colocou uma coluna à frente para direcionar Seu povo e protegê-lo das intempéries do deserto. Pela manhã, uma coluna de nuvem e, pela noite, uma coluna de fogo. Quando adquirimos certos hábitos, levamos alguns para a vida inteira; outros, mesmo que já tenhamos abandonado, hora ou outra voltamos a eles. Basta uma simples provocação. É como o fumante que toma uma xícara de café para depois emendar um cigarro. Se ele parar de fumar, sempre que alguém lhe oferecer um café, a tentação do hábito lhe provocará a vontade. Ele já parou, porém está condicionado, habituado. Por esse motivo, apenas o mar não adianta. É preciso o deserto. O deserto significa **treinamento**. O deserto significa **provação**. O deserto tem o objetivo de **destruir o condicionamento**.

Foi por isso que os hebreus ficaram quarenta anos no deserto. A estadia deles no Egito foi tão intensa que seria necessário que uma geração inteira terminasse naquele lugar. Eles estavam vendo a coluna e os grandes milagres. Deus abriu o mar para passarem, mas, de vez em quando, teimavam em voltar para a escravidão do Egito. Haviam passado pelas águas. É na passagem pelo mar que Deus nos confronta com nossos pecados. Ele nos quer, mas nos quer limpos. Se você for convidado para ir a um casamento ou a uma festa, vai se banhar, fazer um tratamento de beleza e vestir sua melhor roupa. Imagine então se for convidado para ir ao palácio do Rei. Aqui, é claro, estamos falando de limpeza e vestes espirituais. O Rei nos quer, mas bem apresentados, limpos e com vestes adequadas. Você só perceberá seus erros se for confrontado por eles. É nas águas que Jesus lhe é apresentado. Você olha para o espelho. A luz revela a sua aparência, mas depois você precisará abandonar o condicionamento e o deserto é o lugar perfeito para isso.

O objetivo dos hebreus era chegar à Terra Prometida, ao lugar que Deus escolheu para eles viverem. A distância entre o Egito e Canaã é em torno de 425 km. Essa jornada a pé levaria cerca de cinquenta dias, mas os israelitas demoraram quarenta anos. Muitos divergem sobre o motivo da demora, mas o certo é que Deus os guiava. À noite, com uma coluna de fogo e, de dia, com uma coluna de nuvem. No entanto, quer saber com sinceridade o motivo da demora? **Treinamento, provação, reprovação, e, novamente, treinamento e provação.** Leia com atenção as Escrituras e perceba que eles erravam demais. Muitos falam que Deus foi muito duro e usam até palavras de tirania em suas teorias, porém Deus abriu o mar, os israelitas viam Suas colunas, o maná caiu do céu, a água brotou da rocha; e mesmo assim eles persistiam em seus erros.

Sabe como eu chamo essa demora? Eu a chamo de **dar uma volta no deserto**. Quando vamos para a escola, passamos por um processo de aprendizagem. Na minha época, existia um modelo de ensino baseado na nota tirada. Para baixo de sessenta ou setenta, havia reprovação e seria necessário fazer o ano todo novamente. Eu nunca reprovei de ano na escola, mas quando alguém reprovava, costumavam dizer: "Fulano rodou de ano". Hoje em dia, a educação é muito diferente da minha época. O ensino tem evoluído, as avaliações tornaram-se mais eficientes. Mesmo levando em consideração a mudança de um ensino tecnicista para um de formação de cidadãos, podemos dizer que algo não mudou: De maneira mais eficaz, ainda existem aprendizagem e avaliações; em outras palavras, podemos falar em **treinamento e prova**. Perceba também como é interessante que o ser humano parece querer caminhar para os propósitos de Deus. Hoje busca-se formar cidadãos para o mundo. O propósito de Deus também é esse, porém Ele busca formar **cidadãos para o Reino d'Ele**. O ensino de Deus é muito mais eficiente, pois todos os problemas da humanidade são reflexos dos seus pecados. Quando Deus te transforma na pessoa que Ele te criou para ser, tudo na sua vida se encaminha para a perfeição, desde seu caráter até sua vida profissional. Porém, se **reprovar**, terá que voltar ao início, ou seja, terá que dar uma volta no deserto.

Aceite que todas as histórias bíblicas aconteceram na vida material e na vida espiritual. Os hebreus foram colocados no deserto físico e também no espiritual. O físico é o reflexo daquilo que viria para que pudéssemos ver e entender Jesus nos mostrando o **deserto espiritual**. Mas por que o deserto? Não é difícil entender. Pense na preparação para correr uma maratona. O seu objetivo é atravessar a faixa em primeiro lugar. Para isso, precisa de um bom técnico, um treino arrojado, uma boa alimentação, um bom fortalecimento muscular e treino, muito treino. Além disso, é necessário fazer testes frequentes simulando a corrida para, cada vez mais, diminuir seu tempo. Será um treino arrojado e você só poderá dar o grito da vitória quando passar pela prova final e obter o primeiro lugar. Se não conseguir, terá que voltar aos treinos novamente para tentar em outra maratona.

O deserto tem um monte de desafios. Como eu disse, é um lugar arenoso, cheio de intempéries, muito quente de dia e muito frio à noite. Ademais, não tem nada em que possamos nos apegar. Nem um conforto. Nada em que possamos nos deliciar. Não tem comida, nem água, nem sombra. É um lugar perfeito para deixar de se orgulhar e passar a se humilhar. Acredite, você passará a fazer isso quando entender que só Deus poderá te tirar desse lugar. O nada do deserto te faz olhar para si mesmo e para sua própria desgraça, porque você não tem para quem apontar o dedo, não tem a quem culpar. Mesmo que tenha alguém atravessando o deserto com você, perceberá que ali ele é igual a você e você é igual a ele. No deserto ninguém é superior a ninguém em nada. Lá, é preciso esquecer tudo que se era e se tornar o que se precisa ser agora: **o sobrevivente**.

Assim, consegue-se perceber que tudo é uma questão de necessidade e de precisar urgentemente de Deus. Você necessita, mais do que tudo na vida, que Deus exista, mesmo que tenha desconfiado a vida inteira da existência d'Ele. Você não se apegará a filosofias ou a teorias para provar Sua existência. Entenderá que Ele existe simplesmente porque é necessário. Então, seus hábitos, seus apegos, suas filosofias e seus conceitos ficarão todos para trás. Tudo em que acreditava cairá por terra como a areia do deserto escorre por entre seus dedos quando se tenta retê-la. Agora é só você, o deserto e a sua necessidade urgente de que Deus exista. Nada mais importa. Não se desespere, porque quando a sua necessidade, que é Deus, terminar de te treinar em uma etapa e você reprovar, quando pensar que está próximo à linha de chegada, Ele te fará seguir a **Sua coluna** para um ponto indesejado do treinamento. O Senhor dirá: "Venha cá, meu filhinho, ainda não foi dessa vez. Vamos dar uma voltinha no deserto e começar tudo de novo".

Para assimilar aonde Deus quer chegar com você através do deserto, cito **Moisés**. Moisés fez o trajeto do deserto antes de tirar os hebreus do Egito. Você pode até indagar: "Mas Moisés não passou pelo mar?". Leia as Escrituras e verá que ele foi tirado das águas quando criança e até o nome dele tem esse significado: **tirado das águas**. Ele matou um homem antes de fugir do Egito e na fuga ele passou pelo deserto. Quando viu Deus na **sarça ardente**, o Senhor lhe disse:

> [...] "Não se aproxime. Tire as sandálias dos pés, pois o lugar em que você está é TERRA SANTA." (Êxodo 3:5)

Muita gente confunde Canaã, a hoje Israel, com a **Terra Santa**. Saiba que, seja lá em qual lugar Deus colocar seus pés poderosos, ali é Terra Santa. Durante a vida, vivemos em muitos lugares. Lugares materiais desagradáveis para Deus e lugares espirituais tenebrosos. Nós nos acostumamos com o local onde nossos pés se acomodam. Nós nos habituamos com as coisas nas quais pisam nossos pés. O nosso corpo é para ser a habitação do **Espírito de Deus**, mas se torna a habitação de muitos demônios. É no deserto que todos esses males serão expurgados e, depois, quando você estiver na presença de Deus, deverá deixar para trás o que acumulou durante toda a sua caminhada pelo mundo. O seu corpo carrega os males e os seus pés carregam o seu corpo. Eu gosto muito de alguns hábitos dos antigos. Por exemplo, ainda no tempo dos nossos avós, todos tinham o hábito de tirar o calçado para entrar em casa. Um conselho: **sua casa é lugar santo**, principalmente quando Jesus passar a habitá-la. Após passar pelo deserto, se estiver descalço, lave seus pés e, se não estiver, tire o calçado para estar na presença do Rei. Esse é um dos propósitos de Deus quando te coloca no deserto: **te preparar para estar na presença d'Ele**.

Depois do batismo de João, Jesus saiu das **águas** e foi para o **deserto**. Ao batizar Jesus, João disse que era Jesus quem deveria batizá-lo. Talvez você não entenda isso, mas explico que Jesus é Deus e Ele esteve aqui na condição de homem para sentir e passar por tudo que nós estamos propícios a passar. Quando algo de ruim acontece conosco, nós esbravejamos, xingamos, brigamos, humilhamos, nos defendemos e, acima disso, pecamos, mas com Jesus foi diferente. Ele passou por todos as situações que nós passamos, inclusive a morte, e sem pecar. Como todos do **povo de Deus**, Ele passou pelas águas e caminhou em direção ao deserto. Compare o deserto com o seu treinamento para levantar a maior quantidade de peso possível. Você é um halterofilista e será campeão se levantar mais peso que seus adversários. Para isso, terá que treinar muito duro e ganhar muita massa muscular. Seu corpo terá que suportar levantar cada vez mais peso. O objetivo do deserto é nos fortalecer, nos preparar para enfrentar situações difíceis e sofrimentos sempre piores.

Depois que saíram do deserto, os hebreus foram lutar pela **Terra Prometida**. Jesus foi para o deserto. Lá Ele ficou sem beber e sem comer por quarenta dias, foi tentado, testado e aprovado; depois os anjos vieram servi-lo para que então fosse enfrentar situações cada vez mais difíceis. No final, traição, abandono, sofrimento e a morte. Ele foi **lutar por nossa vida** e a morte de Jesus é também nossa vitória, pois Ele venceu o mundo. E o mais maravilhoso de tudo isso é que Ele venceu por nós. Afirmo, com toda a certeza, que depois que você vencer o deserto, os anjos virão lhe servir e você vai entrar na **guerra**. Leia as Escrituras e verá que profetas e apóstolos passaram pelo mesmo deserto e foram para a luta. Os hebreus saíram do deserto e foram para a guerra. Jesus saiu do deserto e foi para a guerra. É esse o propósito do deserto: te treinar intensamente para que você tenha condições de enfrentar a guerra e sair vitorioso. Jesus venceu por nós. E nós, por quem precisamos vencer?

A guerra que os filhos de Deus travam não pode ser confundida com as guerras humanas. Os homens travam suas batalhas por questões políticas, ideológicas, religiosas e por espaço geográficos, mas:

> "[...] a nossa luta não é contra pessoas, mas contra os poderes e autoridades, contra os dominadores deste mundo de trevas, contra as forças espirituais do mal nas regiões celestiais." (Efésios 6:12)

O objetivo do deserto é te treinar, te capacitar, te dar musculatura espiritual para enfrentar a guerra. Enquanto isso, o propósito da guerra é lutar para destruir os muros, as fortalezas, os cativeiros, as trevas, as autoridades malignas que nos separam de alcançar **a vitória que nos foi concedida por Cristo na cruz**.

Ao atravessar o deserto, os israelitas passaram a lutar, não uma, mas várias guerras para conquistar a Terra Prometida. Nas batalhas, destruíram várias construções pelo caminho. Cito uma muito conhecida, que foi a muralha de Jericó, quando os soldados israelitas marcharam por seis dias seguidos em volta da muralha até que essa viesse ao chão no sétimo dia (Josué 6). Nós erguemos construções espirituais que nos impedem de ouvir Deus. Mas existem também as fortalezas que impedem Deus de entrar em nossa vida e em nossa casa para nos tirar de cativeiros onde nos tornamos prisioneiros de nossos inimigos. Entenda que a Guerra de Israel aconteceu no plano material para que fosse um reflexo do que viria depois. Compreenda que estamos falando da **nossa guerra**, que é espiritual. Por isso, é bom ter em mente quem é realmente seu inimigo. O objetivo dos hebreus era conquistar a Terra Prometida, o nosso objetivo é conquistar mais do que isso. A promessa que nos aguarda está além do plano material, mas Jesus não o descarta.

Quero levar você agora para a **Guerra de Jesus**. Quando Ele estava guerreando, ensinar era sua arma principal. Jesus destruiu muitos conceitos religiosos com ela. Destruiu muitas construções malignas. Em Mateus 6:33, Jesus diz:

> "Busquem, pois, em primeiro lugar o Reino de Deus e a sua justiça, e todas essas coisas lhes serão acrescentadas."

O ensino de Jesus era para que não nos preocupássemos com as coisas do mundo, pois, buscando pelo Reino de Deus, o Senhor, que é pai e sabe do que precisamos, supriria todas as nossas necessidades. Você não consegue nem imaginar as coisas que Deus quer nos acrescentar. É necessário que lutemos a guerra e **nossa guerra é**

pelo Reino de Deus. Quando vencer essa guerra e tudo aquilo que te separa de Deus for destruído, Ele vai iniciar em você novas construções. Só que, dessa vez, do jeito que **o Grande Arquiteto** sabe planejar e construir. O objetivo da guerra é destruir as construções malignas e expulsar os demônios que habitam em nós para que, depois, Deus cumpra todas as promessas feitas para nossa vida.. E há uma promessa principal e grandiosa, mas tem muito mais, e cada uma mais maravilhosa que a outra. **Deus é muito bom!**

Quando a guerra acabar e você estiver na Terra da Promessa, entenderá tudo isso que estou querendo transmitir neste livro. O meu propósito com esse material é apresentar Deus para você, para que, é claro, se quiser, inicie **o caminho do conhecer para ser conhecido**. Ao sermos apresentados a uma pessoa, ela normalmente nos fala de coisas gerais. O nome dela, o que faz, onde trabalha, sua profissão, sua idade. É mais ou menos isso que estou fazendo aqui, só que um pouquinho mais, pois já lhe falei o nome de Deus, e olha que Ele tem vários. Já mostrei como Ele trabalha, e até o final do livro pretendo mostrar até mesmo os gostos de Deus, se você quiser ir até o final. A única coisa que eu jamais farei é dar a você aquilo que não é verdade; e a verdade é que no mar, no deserto e na guerra não há aquilo que as pessoas buscam no mundo. No mundo, as pessoas buscam riquezas, prazeres, satisfação pessoal e outros itens da natureza humana. Mas no mar você vai encontrar **confronto**; no deserto, **treinamento e provação**; e na guerra vai se deparar com o **sofrimento.** Analise as guerras que já aconteceram e me diga se durante alguma delas houve coisas boas. Não, aconteceram perdas, mortes, fome e isso tudo é sofrimento. É disso que falei o tempo todo: sofrimento. E ao entender o sofrimento , então as coisas começarão a mudar; aí, sim, você começará a entrar no **tempo da promessa**.

Mais do que em tempos passados, atualmente lidamos com pessoas as quais podemos denominar **mercadores da fé**. Arrastam multidões para seus shows comoventes falando a respeito de Jesus de uma maneira que faz qualquer um chorar. Um conselho eu dou: não siga as multidões. Se elas forem para um lado, vá para o oposto. **Multidão** não é sinônimo de **discípulos**. O discípulo quer imitar o mestre e a multidão quer ver o show. Foi assim no tempo de Jesus. Os mercadores buscam imitar Jesus atraindo as multidões com seus supostos milagres. Não acredite neles, pois o propósito dos milagres já passou. Tal propósito era fazer com que as pessoas tivessem fé. Se Deus quiser, Ele opera milagres. Porém, Seu propósito, ontem e hoje, sempre foi ter discípulos e, mais do que nunca, quer transformar as pessoas pelo poder do **Espírito Santo**.

No momento, o propósito principal de Deus é a **mudança de caráter**. O Senhor não opera nas mãos de quem se envolve com o pecado, Ele é **santo**. Deus não opera nas mãos de quem se envolve em políticas e ajuda os mentirosos a mentirem. Da mesma forma que deixou que fizéssemos nossas escolhas e se entregou à morte na cruz por amor a nós, é isso que Ele espera dos homens: que nós O sigamos por amor, e não por interesse. E o que os mercadores da fé fazem é o contrário disso. É por interesse próprio que atuam em nome de Deus. Eu já olhei no olho de muitos e o que vi foi uma falsa sinceridade. Eles não estão nem um pouquinho interessados em que você conheça verdadeiramente a Deus. O que buscam é uma maneira de sobreviver às custas das crenças das pessoas. As palavras que eles proferem são: "Venha para Jesus que você terá alegria e prosperidade. Venha e você será feliz. Venha e Deus vai te libertar". Eles pregam um Jesus bonzinho e cheio de amor para dar, mas não um Deus com o cálice de sua ira transbordante contra o pecado da humanidade. Isso porque são comerciantes. Por algum acaso o vendedor fala mal do seu próprio produto? Pois é assim que eles tratam Deus, como um produto pronto para vender e lucrar muito. Eles nunca entenderão a frase que saiu da boca de Jesus para os seus discípulos:

> "Vocês receberam de graça; deem também de graça." (Mateus 10:8)

Não, porque o objetivo da venda é o lucro e eles precisam comer, precisam consumir e precisam do melhor que o mundo pode dar. Então, a verdade que quero entregar neste momento é que Deus tem para você **confronto**, pois vai lhe mostrar todos os erros cometidos na sua vida para que você se arrependa e o pecado seja apagado. O que Deus tem para você é **liberdade do seu condicionamento**, pois vai te colocar em um lugar de treinamento e prova para que abandone os hábitos do mundo e adquira os hábitos do Reino de Deus. O que Deus tem para você é guerra, porque tudo que é mau precisa ser destruído para que no lugar se construam **coisas novas**, uma **nova vida**. Tudo que você já foi e construiu precisa ser destruído para que **o novo se levante**.

Ninguém perde um ente querido sem sofrimento, ninguém perde bens sem sofrimento, ninguém abandona tudo que já foi um dia sem sofrimento. Mas eu quero te dizer que a frase "O sofrimento nos aperfeiçoa" está corretíssima. Não entrego uma ilusão, mas sim verdade. E a verdade é que ninguém vence uma batalha sem um bocado de sofrimento. Então, caso você creia e queira, prepare-se para **vencer a guerra** e alcançar algo inimaginável. Deus é Deus do Impossível e Suas promessas para nossa vida são algo que nossa imaginação não é capaz de alcançar. Pense que o que se tem para falar a respeito de Deus vem muito antes e vai além do microcósmico e passa pelo macrocósmico, que nós ainda nem conhecemos, até alcançar **o infinito**. Apenas consigo relatar uma pequena faísca neste livro a respeito de Deus, pois o conhecimento d'Ele e o conhecimento a Seu respeito é imensurável, e assim são **as Suas promessas**.

As promessas de Deus estão além do nosso alcance porque nos desviamos daquilo que Ele nos criou para ser. É preciso fazer todo o trajeto de **morte e renascimento** para que possamos voltar ao ponto onde Ele parou por causa das nossas escolhas. É preciso passar pelo mar – morte; é preciso passar pelo deserto – crescimento; é preciso passar pela guerra – maturidade; e finalmente alcançamos a promessa – a vida eterna. Mas Deus é simples e objetivo no Seu trabalhar. Ele sabe por onde começar: exatamente em você. Muitos buscam por Deus na esperança de que Ele conserte a vida material, a situação financeira, a vida matrimonial. Não se desespere, o Senhor quer fazer isso, mas para Ele é essencial que seja arrumada primeiro sua vida espiritual. Deus começa no seu interior. O Pai diz: "Vamos dar uma olhada aqui... Olhe só... Está tudo trocado... A alma está no lugar do espírito, está fazendo coisas que é função do espírito". Então, vai de dentro e para fora.

No mar, o **velho homem espiritual** morre em você; no deserto, o novo homem espiritual é treinado para enfrentar o sofrimento e as dificuldades e não lamentar; e, na guerra, **o homem nascido do espírito** ganha experiência e amadurece. Podemos comparar o deserto e a guerra com uma pessoa que está aprendendo a nadar. Suponhamos que ela tenha treinado o tempo todo recebendo orientação e simulando a natação em terreno seco. Portanto, jamais conseguirá ser uma nadadora experiente se não for colocada na piscina. O deserto é o treino e a guerra é a piscina. Perceba com isso que em tudo Deus está trabalhando no seu interior. Nas promessas, não será diferente: de dentro para fora, Ele começará da maior promessa, a **promessa eterna**, para depois cumprir as outras.

Mas que promessa eterna é essa? Pego como exemplo o pai da fé, Abraão. Analise as promessas que Deus lhe fez:

> "Farei de você um grande povo, e o abençoarei. Tornarei famoso o seu nome, e você será uma bênção. Abençoarei os que o abençoarem e amaldiçoarei os que o amaldiçoarem; e por meio de você todos os povos da terra serão abençoados." (Gênesis 12:2-3)

Você sabe qual dessas é a maior promessa? É a que diz: "por meio de você todos os povos da terra serão abençoados". É a maior porque diz respeito a Jesus e a todos nós. Outra promessa semelhante está em Atos 16:31:

> "Creia no Senhor Jesus, e serão salvos, você e os de sua casa."

Deus fez uma grande promessa para Abraão, que alcançava toda a humanidade. Deus ainda cita outras promessas para Abraão: faria dele um grande povo, o abençoaria, o tornaria famoso; e Ele não deixou de cumprir nenhuma. Todos nós vemos isso quando analisamos a história de Abraão. Porém, ele não viu a última se concretizar, pois Jesus só veio milênios depois. Quer dizer que Deus não a cumpriu? De forma alguma. Deus cumpriu desde o dia em que Abraão creu e saiu da sua terra por ouvir uma ordem d'Ele. Então, pela fé foi salvo. Viu Cristo antes de que Ele viesse ao mundo, mesmo não tendo presenciado. Mesmo naquele tempo distante, Deus cumpriu a maior promessa em Abraão, a que podemos chamar de invisível; hoje, a promessa invisível feita a nós, a grande promessa, é aquela que alcança a nossa parentela. Entenda que Deus trabalha de dentro para fora até mesmo no cumprimento de Suas promessas. Não se preocupe com as coisas do mundo, preocupe-se com o Reino de Deus. Dê prioridade ao Reino de Deus e tudo mais lhe será acrescentado. Primeiro, o

Senhor quer garantir-lhe a grande promessa: transformá-lo em um cidadão do Reino de Deus; capacitá-lo a adentrar em todos os lugares celestiais; torná-lo conhecido como a pessoa que Ele criou para ser. A grande promessa é interna. É a promessa que os olhos humanos não podem ver, mas que alcança você e sua família.

Muitas pessoas juram estar fazendo a vontade de Deus. Vão para lugares longínquos levar o Evangelho porque acreditam que a vontade de Deus está ligada à religião, mas se enganam a respeito disso. Pode ser que o Pai queira que você apenas cuide de seus próprios filhos. Pode ser que Ele queira que você exerça uma profissão ou que só varra o chão da sua casa. Acredite: coisas grandes não são sinônimos de obediência a Deus. Ele escolhe pessoas para fazer tanto grandes quanto pequenos trabalhos. O tamanho não importa, o que importa é a obediência. Pode ser que alguém esteja arregimentando muitas pessoas em nome de Deus e não esteja fazendo a vontade d'Ele. Pode ser que alguém esteja apenas honrando seu pai e, com certeza, esteja fazendo a vontade divina. Contudo, é preciso acreditar: Deus não quer que você dê um passo sequer sem que seja da vontade d'Ele. Tudo que Ele quer é que você seja um filho querido; que sempre entre em seu quarto e coloque a cabeça no seu colo para pedir orientações. Mais que isso: Ele quer dizer tudo o que você deve fazer. Em Gênesis 3:8, depreende-se que Deus sempre ia no final do dia ao Jardim conversar com Adão. Com certeza, ia dizer o que era para Adão fazer no outro dia. Isso também é um reflexo, no início dos tempos, da grande promessa que Ele quer cumprir em você. Todos os dias, como um pai, o Senhor quer se reunir com você no Jardim para lhe falar o que fazer, quer fazer as escolhas por você – porque as escolhas d'Ele são perfeitas –, e quer que você apenas contemple a obra daquilo que Ele lhe ordenou que fizesse.

Quando Jesus nos diz para buscarmos antes de tudo o Reino de Deus, significa colocar Deus em primeiro lugar:

> "Quem ama seu pai ou sua mãe mais do que a mim não é digno de mim; quem ama seu filho ou sua filha mais do que a mim não é digno de mim." (Mateus 10:37)

Ao falar dessa forma, Jesus não está sendo egoísta; na verdade, Ele está pensando no seu pai, na sua mãe e nos seus filhos, porque, se você realmente fizer isso, Ele alcançará você e toda a sua família. Contudo, é preciso amá-Lo com amor verdadeiro, e não com segundas intenções, e colocar Deus na sua vida em todas as circunstâncias.

Uma vez, ouvi uma jornalista citar uma mulher que sofreu agressão do marido e perdeu sua causa na justiça. Essa mulher escreveu em seu perfil na internet que logo Deus iria agir. A jornalista criticou o fato de ela estar recorrendo a Deus agora, sendo que a justiça deveria ter feito o seu papel. Eu digo a você que as pessoas só buscam a Deus no momento que elas não enxergam mais solução e não imaginam que isso é muito ruim e desastroso. Seja diferente, busque por Deus em todos os momentos. Nos momentos de alegria e nos de tristeza, pois é isso que Ele espera de você. É isso que prova seu amor a Deus, pois um amigo verdadeiro quer participar de todos os nossos momentos, sejam bons ou maus. Além do mais, Deus é Deus. Não somos nós que damos ordens para Ele. O Senhor não é um objeto que se possa usar em um momento de necessidade e depois descartá-lo. Não fomos nós que O fizemos, foi **Ele que tudo fez** por causa de nossas necessidades. Não é Ele que precisa de nós, somos nós que precisamos d'Ele.

As palavras que escrevo e vêm do meu coração chegaram a mim em 2023, depois de atravessarmos alguns anos de crise pandêmica.

Ouço muitos religiosos dizerem que isso foi coisa de Satanás. Por acaso Deus não tem o controle de todas as coisas? Por isso, digo que foi coisa de Deus e Ele fez isso para que os filhos de Satanás viessem à luz. A mentira é filha do diabo e todos aqueles que usam sua boca para proferir mentiras ou mesmo defenderem aqueles que mentem, carregam a marca dele. Mas a pandemia também trouxe à luz os religiosos. O Brasil é um Estado laico. Isso quer dizer que o país não pode aderir a nenhum tipo de religiosidade, mas que também não pode proibir qualquer pessoa de exercer sua religião. No entanto, esses religiosos vêm a público para obrigar as pessoas a abandonarem suas religiões e aderirem a deles. Querem colocar isso na própria lei do país para que deixe de ser um Estado laico. Não se engane,, essas são as cabeças do fim dos tempos. Eles não querem que você conheça o verdadeiro Deus, desejam apenas mais adeptos para engordarem suas contas bancárias. Mas, pense bem: se Deus que é Deus, por amor, lhe deu o livre-arbítrio para que você fizesse suas próprias escolhas, por que esses religiosos, que juram estarem a serviço d'Ele, propõem que você venha a Deus por obrigação?

    Trago essa reflexão não porque gosto de criticar. Eu não sou um adepto da crítica, muito menos Deus é. Estou falando isso para que você conheça Deus e saiba que Ele não está em nenhuma dessas facetas. Para que você entenda que a obra de Deus se concentra em nos livrar da **religiosidade**. Se isso não for possível, e eu sei que para Deus tudo é possível – basta querermos –, então não haverá como Ele cumprir nem **a grande promessa** nem as outras promessas em nossa vida. Por isso, é importante que o Senhor comece por nosso interior. Depois, Ele nos mostrará para o que nos criou. Você já se fez essa pergunta? Você sabe para que Deus te criou? Pois eu digo que cumprir a promessa em nossa vida consiste nisso. **Deus quer nos responder para o que Ele nos criou.**

ENTENDENDO A ORAÇÃO

A **oração** é um meio poderoso que pode ser usado para conhecer Deus. Existe nos meios religiosos uma grande confusão a respeito de muitas coisas sobre Deus, principalmente quanto aos meios usados para se comunicar com Ele. Para não me estender e chegar logo no principal ponto, cito um exemplo. O **louvor** confunde-se com shows musicais e com as próprias músicas que, em tese, são feitas para Deus. Um primeiro ponto a se ressaltar é o significado de louvar. **Louvar** significa **elogiar**. A qualquer elogio que teço a alguém, estou dando louvores a essa pessoa. O dicionário da língua portuguesa define louvor como "dispensar elogios a alguém, exaltar seus méritos". Dessa forma, quando louvamos a Deus, estamos elogiando-O pelo que Ele fez.

Portanto, cantar uma música não quer dizer louvar a Deus. Depende das palavras utilizadas; certamente, de Deus aceitá-la como louvor; e, com certeza, depende muito da intenção de quem fez a música. Se a pessoa não foi sincera, é lógico que Deus não vai aceitar o louvor. Mas sincera como? A sinceridade é tudo. Vamos supor que a música foi feita para Deus, mas com a intenção de obter lucro. Isso já complica tudo, porque a música foi criada para a própria pessoa, e não para Deus. Outro problema está no fato de ser elogiada por criar a música. Lá se foi o louvor que deveria ser para Deus. Ao me aprofundar nesse assunto, estou levantando muitas polêmicas, e o assunto principal fica de lado, certo? Eu só quero que você entenda que **a fé não é cega**, ou seja, ela carece de entendimento. Logo, é necessário compreender o objetivo de cada instrumento usado para se relacionar com Deus, para que não se cometa erros e fique mais longe ainda do objetivo, que é conhecer Deus.

A própria Bíblia nos relata que o Espírito Santo faz com que as palavras que saem de nós cheguem até Deus de maneira perfeita. Com certeza, Ele releva nossos erros não intencionais, mas não para sempre, porque o objetivo do Espírito Santo é habitar em nós como nosso tutor, e nós ainda somos crianças na fé e imaturos. Sendo assim, o **nosso tutor** vai nos colocar no caminho que leva à maturidade, até atingirmos a **estatura do varão perfeito**. Então, sendo já pessoas maduras de espírito, agiremos com entendimento, e não como se ainda fôssemos crianças. Você daria um carro para seu filho de 10 anos passear na cidade? Claro que não, você o esperaria completar 18 anos e só daria o carro depois que ele tivesse a carteira de motorista. A função do Espírito de Deus é esta: nos levar à maturidade para que sejamos responsáveis por aquilo que Deus nos der.

A oração é o **poderoso instrumento** que devemos usar para nos relacionarmos com Deus. Quando nos encontramos com um amigo, nosso relacionamento pode ser de alto ou baixo nível, dependendo do nível da conversa. E a oração é isso: uma conversa, e eu diria que **uma conversa particular**. Veja o que Jesus diz em Mateus 6:5-8:

> "E, quando vocês orarem, não sejam como os hipócritas. Eles gostam de ficar orando em pé nas sinagogas e nas esquinas, a fim de serem vistos pelos outros. Eu

asseguro que eles já receberam sua plena recompensa. Mas, quando você orar, vá para seu quarto, feche a porta e ore a seu Pai, que está em secreto. Então seu Pai, que vê em secreto, o recompensará. E, quando orarem, não fiquem sempre repetindo a mesma coisa, como fazem os pagãos. Eles pensam que por muito falarem serão ouvidos. Não sejam iguais a eles, porque o seu Pai sabe do que vocês precisam, antes mesmo de o pedirem."

Perceba, em primeiro lugar, que Jesus fala para não orarmos em público, e sim secretamente em nosso quarto. Você consegue fazer alguma relação com aqueles que continuam fazendo longas orações hoje nos púlpitos? Em segundo lugar, Ele nos fala para não ficarmos repetindo as palavras. Volte agora para a conversa que você teria com seu amigo. Você ficaria repetindo palavras já ditas? Claro que não. Seu amigo pensaria que você não está bem da cabeça. Então, por aí é possível compreender que a oração se trata de **um diálogo**, uma conversa que você está tendo com Deus. Se for um grande amigo, você revelará grandes segredos; se for só um papo com um colega, será uma conversa rotineira. O nível da conversa depende da confiança, e assim é com Deus. Preste atenção: Ele quer que você confie plenamente n'Ele. Então, secretamente, fale de todos os seus medos e segredos e, principalmente, relate o seu dia para Ele. Deus quer muito que você O veja como **um grande amigo**. Mas para isso é necessário entender esse instrumento poderoso que é a oração.

O objetivo da oração

Vamos começar com a palavra que está em Joel 2:32 e diz assim:

> "E todo aquele que invocar o nome do SENHOR será salvo [...]."

Com isso, podemos entender que todo aquele que invocar o nome de Deus será salvo. Mesmo com essa afirmação, há vários exemplos, nas Escrituras, de pessoas justas que pertenciam a Deus e que não tiveram os seus pedidos atendidos. Abraão foi uma delas. Ele pediu a Deus que não destruísse Sodoma se lá houvesse uma certa quantidade de pessoas boas. E todas as vezes que ele diminuiu a quantidade de pessoas, Deus afirmou que não destruiria. Porém, mesmo assim, o Senhor acabou destruindo a cidade.

Em Deuteronômio 3:25, temos:

> "Deixa-me atravessar, eu te suplico, e ver a boa terra do outro lado do Jordão, a bela região montanhosa e o Líbano!"

Na forma original em hebraico dessa passagem, é dito que Moisés pediu quinhentas e treze vezes para que Deus o deixasse ver e pisar na Terra Prometida, e em nenhuma das quinhentas e treze vezes ele foi atendido. Outro exemplo foi o profeta Jeremias, que pediu para que Deus não entregasse Israel nas mãos dos babilônios. Afirmou que aquele povo poderia voltar atrás, clamou para que Deus não destruísse sua nação e, no final, ele não foi atendido e Jerusalém foi destruída. Até mesmo um pedido pessoal dele, para que Deus o protegesse, foi negado. Ele foi maltratado, preso e morto a pedradas.

Porém, também houve justos que tiveram suas preces atendidas. Em Gênesis 25:21, a palavra diz que Rebeca não podia ter filhos e por isso Isaque orou a Deus, o Senhor, em favor dela. O Senhor ouviu a oração e Rebeca ficou grávida. Isaque orou para que Deus abrisse o ventre de Rebeca e foi atendido. Em Gênesis 35:10, conta-se a história de Jacó, que teve seu nome mudado para Israel e acabou se casando com duas irmãs, Leia e Raquel. As Escrituras dizem que Deus reparou que Leia era odiada e abriu o seu ventre, que gerou seis meninos e uma menina. Nesse caso, não consta que Leia tenha orado, pois Deus atendeu a sua necessidade, o que demonstra que Ele sabe aquilo que precisamos, mesmo que não tenhamos orado.

Os relatos desses personagens bíblicos ajudam a entender que a oração não serve para que você peça a Deus para ter um sustento financeiro, uma casa, um cônjuge, filhos e tudo mais. Muitas vezes, o Pai nos coloca em uma situação difícil para que venhamos a orar com o intuito de simplesmente nos aproximarmos d'Ele, pois a oração é o instrumento de comunicação com Deus. A prova disso são os patriarcas e as matriarcas de Israel, que eram estéreis, e Deus os colocou nessa situação para que eles orassem e se aproximassem d'Ele, já que a oração é um objetivo, e não um meio. É um instrumento que usamos para ter um relacionamento com Deus, e não uma maneira de obter benefícios. Nesse sentido, mais uma vez, eu me oponho aos propagadores da teoria da prosperidade, pois Deus nos quer por amor, e não por interesse. Afirmo também que existem formas de ter um melhor contato com Deus em suas orações, as quais, com Sua permissão, relaciono a seguir:

1. **Preparo**: Antigamente os profetas passavam horas em meditação para falar com Deus. Hoje, no tempo da graça, para falar com o Rei você apenas faz uma pequena oração constituída em liberar perdão, humilhação, adoração e discernir se há algum pecado oculto para confessar.
2. **Lugar**: Todos os anos, os israelitas iam até o templo de Jerusalém para ter um contato melhor com Deus. Hoje você pode fazer isso em sua própria casa, se estiver tudo em ordem, e o nível espiritual é um grande fator para uma boa comunicação com Deus.
3. Se a sua oração não for atendida, fique sabendo que aquilo que pediu pode não ser o melhor para você, pois Deus sabe, mais do que qualquer um, o que é melhor para Seus filhos.

No item 1, é citado o ato de liberar perdão, humilhação e adoração. Entenda que, se você guardar qualquer mágoa ou acusação contra alguém, Deus não o ouvirá. Por isso, Jesus trata do perdão em vários versículos das Escrituras, inclusive quando nos ensina a orar. Analise a oração do Pai Nosso e você compreenderá. Também não existe como se aproximar de Deus sem reconhecer que você veio do pó da terra. O orgulho é um dos muros que nos afastam d'Ele. Logo, é preciso reconhecer e compreender que você é um pecador. Quando nos reduzimos, o Espírito que habita em nós cresce. Além do mais, Jesus diz que o Reino de Deus pertence aos humildes e, quando Jesus diz que os humilhados serão exaltados, é isso mesmo que acontece: você sobe de patamar no nível espiritual. Só não confunda humildade com miserabilidade. A falta de bens materiais não é sinônimo de humildade; a humildade está ligada à necessidade e dependência de Deus.

Já a adoração se trata de reconhecer as qualidades de Deus. Quando, com a sua boca, você profere que Deus é bom, onipotente, misericordioso e outras qualidades, está dirigindo sua adoração a Ele. Mas cuidado: o ato de colocar qualquer coisa acima de Deus é sinal de que você não é um **adorador**, e sim um **idólatra**. E se outra pessoa elogia suas qualidades sem reconhecer que foi Deus quem as deu, você é um **ídolo**. Deus detesta a **idolatria** porque esse pecado o afasta d'Ele, principalmente quando colocamos a **criatura no lugar do Criador**. A idolatria consiste nisto, em colocar algo no lugar de Deus. Há uma linha muito tênue, mas que será resolvida plenamente quando nos tornamos **aquilo que Deus nos criou para ser**, pois a **verdadeira adoração** consiste em que vejam em nós, os filhos de Deus, o reflexo de Cristo.

Sobre o segundo item, quero esclarecer a questão da casa estar em ordem para que Deus possa habitá-la. Acredite, quando Jesus fala que está batendo à porta da sua casa e, se abri-la, entrará e ceiará com você, Ele realmente está esperando que você a abra. Jesus é a maior autoridade do Universo, então Ele não é um Rei, ele é **o Rei**. Como você está para receber o Rei? Como sua casa está? As coisas tanto em você como na sua casa estão todas bem organizadas do jeito que o Rei gosta? Não na questão material, ainda que seja interessante que tudo esteja no lugar que o Rei gostaria de ver; porém é uma questão muito mais espiritual. Você já viu um morador de rua todo sujo e com as roupas rasgadas e amarrotadas? É bem pior a forma como Deus nos vê quando estamos mergulhados em pecado. Imagine entrar em uma casa muito velha, com paredes esburacadas, móveis velhos e quebrados, com tudo desorganizado e esparramado pelo chão. É assim que Deus vê nossa casa quando vivemos uma vida de divisão, bebedeira e família abandonada. Então, para que Jesus entre, você precisa colocar a casa em ordem.

A essa altura, você deve estar pensando: *mas como eu gostaria de saber quais são os gostos de Deus*. Sim, é necessário saber do que Deus gosta. Como é possível agradar uma visita em sua casa se você não sabe do que ela gosta? Quando se está conhecendo alguém, as primeiras perguntas são: "Do que você gosta? Você gosta de sair? Você gosta de dançar?". Eu sei que ninguém é capaz de descrever em um pequeno livro tudo sobre Deus, pois esse é um conhecimento impossível, mas Ele gosta de se apresentar para nós de maneira simples. Aliás, tudo em Deus é simples, nós é que temos o hábito de complicar porque nos tornamos assim, complicados. Então, revelo a você os principais gostos de Deus. Você pode indagar como. Bem, alguém muito importante me contou, só não cobre de mim quem é essa pessoa. Talvez um dia, quando nós formos mais íntimos, eu possa contar a você; afinal, Deus também é assim, quanto mais íntimo d'Ele você for, mais Ele te conta sobre **Suas coisas**.

OS GOSTOS DE DEUS

- **Adonai** gosta de música espiritual e inteligente; não precisa ser música religiosa, mas precisa ser sincera e limpa;
- O **Senhor** gosta de conversas inteligentes que falem de você e também do Reino;
- **Jesus de Nazaré** gosta de pessoas humildes. Quando digo humildes, estou falando de pessoas que sejam dependentes d'Ele. Não só dependência material, muito mais espiritual. Ele gosta muito de cuidar das pessoas;
- **Yhvh** gosta de repartir. Entenda que repartir de Deus é dar sem interesse, sem esperar nenhuma retribuição. Não se trata de caridade, pois é dar sem olhar para a situação de quem está recebendo. Os judeus chamam isso de *sedaká*, cujo princípio está em dar sem esperar nada em troca e sem olhar a quem;
- O **Ajudador** gosta de gratidão. Gosto muito de ler Paulo relatando que já esteve em diversas situações, tanto de riqueza quanto de pobreza, tanto de

honradez quanto de humilhação, e assim aprendeu a estar satisfeito em todas elas. Paulo compreendeu que o sofrimento tem o poder de aperfeiçoar, por isso era grato o tempo todo. Quando uma pessoa é grata, tanto pelas coisas que lhe são dadas quanto pelas que lhe são tiradas, é um sinal de conhecimento profundo de Deus, pois entende que Ele é quem fere e tira, mas é Ele que também cura e dá. A pessoa grata tem o poder da entrega, acredita realmente que seu sustento e a sua vida vêm de Deus;

O **Cabeça da Igreja** gosta de reunião. Se você olhar para Deus, verá que Ele está sempre em reunião. Ele é um e também é três. Mas observe o que Jesus fala a respeito disso: "onde estiverem dois ou mais reunidos em meu nome, ali eu estarei". Nessa passagem, sintetizou os gostos de Deus por reuniões desde o princípio. Deus também disse: "Não é bom que o homem esteja só" (Gênesis 2:18). Portanto, Ele ama que as pessoas estejam juntas, trabalhando por um objetivo em comum, considerando que nas duas passagens Jesus simplifica o seu projeto com a família, a Igreja e a nação;

O **Rei** gosta de comer. Você pode dizer "E quem não gosta?", é preciso compreender que se sentar à mesa é um propósito de Deus. Observe Jesus nos evangelhos. Ele sempre está a mesa comendo com seus discípulos, amigos e seguidores. A mesa é um lugar muito poderoso. Afirmo que pessoas que visam a qualquer fechamento de contrato acabam desfrutando de uma boa refeição à mesa. Jesus formalizou sua nova aliança em volta da mesa com seus discípulos. E, se você ler no final do evangelho de João, verificará que, depois de ressuscitar, ele ainda fez uma refeição enquanto esperava por seus discípulos na praia para assar um peixe;

- O **Mestre** gosta de ensinar. Ele gosta muito de ensinar e nos criou para aprender e também ensinar. Quando um professor não tem paciência com um aluno, naquele mesmo instante podemos descartá-lo como um mestre, porque esse adjetivo não está rodeado pelos conhecimentos de alguém, mas pelos dons de paciência, perseverança e entrega. É importante compreender que Deus é o único que conhece todas as nossas limitações, por isso, Jesus, sim, é o Mestre. Analise as Escrituras desde o princípio até o fim. Conhecendo nossas limitações, Deus vem, gerações após gerações, nos mostrando quem é Jesus. Por causa da nossa incapacidade, Ele desenhou em cada ponto da Bíblia a respeito de Cristo. Foi muito paciente, muito generoso com cada um de nós. É como se dissesse:

"Se você quer Me conhecer, olhe para quem estou desenhando. Se você quer saber quem Eu quero que você seja, imite quem você Me viu desenhar".
E desenhou Jesus;

- O **Pai** gosta de crianças. Você sabe por quê? Creio que agora seus pensamentos se voltem para a passagem em que Jesus diz: "Deixem vir a mim as crianças e não as impeçam; pois o Reino dos céus pertence aos que são semelhantes a elas" (Mateus 19:14) ou "Eu lhes asseguro que, a não ser que vocês se convertam e se tornem como crianças, jamais entrarão no Reino dos céus." (Mateus 18:3). Observando uma criança, percebemos a inocência e, como muitas vezes relacionamos os erros de uma criança à falta de entendimento, pensamos logo que Jesus está dizendo que devemos nos tornar pessoas inocentes. É claro que uma criança comete suas peripécias e, por causa da idade, nós a consideramos inocente do erro, mas não é disso que Jesus está falando. Deus gosta das crianças porque elas confiam, dependem e perdoam. A criança confia plenamente que os pais jamais vão abandoná-la, confia no amor, na proteção, na palavra dos pais. A criança não trabalha, não se sustenta; ela é completamente dependente de seus pais. A criança fica irritada, chora e se aborrece quando alguém a prejudica em algo, mas logo esquece e já está convivendo normalmente como se nada tivesse acontecido. Ela perdoa, mesmo sem saber o significado dessa palavra tão maravilhosa. Então, Deus gosta das crianças porque elas **confiam**, são **dependentes** e **perdoam**.

E por falar em criança, você se lembra da criança que citei no início do livro? Bem, como eu disse, Deus tem um propósito para tudo, e o propósito da minha filha ter me perguntado "Se Deus criou o mundo, quem criou Deus?" foi para que eu me pegasse em oração perguntando a Deus: "Como é que respondo à pergunta da minha filha de uma forma que ela entenda?". A minha mente cheia de lógica dizia: "Não tem como. Você só precisa dizer que Deus sempre existiu, existe e existirá". Mas logo eu me via novamente em um torvelinho mental, pois sabia que aquela pessoinha, tão dependente, ainda não tinha maturidade suficiente para entender uma coisa que nem eu entendia.

Foi então que um grande amigo veio me trazer a resposta. Ele disse: "Deus foi criado por causa da necessidade de sua própria existência". Você entendeu? Nem eu, mas Ele continuou: "Olhe para nós, os seres humanos. Deus nos criou à Sua imagem, dando-nos capacidade de ser cocriadores, ou seja, nós criamos a partir daquilo que Ele criou. Ele fez o trigo e nós fazemos o pão. Ele fez todos os minérios e nós fazemos coisas de lata, de ferro; nós fazemos o carro. O fato é que Deus criou tudo isso porque sabia que nós necessitaríamos, e nós criamos essas coisas porque necessitamos. Fazemos o pão para saciar nossa fome, então precisamos do pão. Fazemos um carro para viajar longas distâncias, então necessitamos do carro". Com essa explicação, imagine se, antes do Gênesis da Bíblia, que começa com "No princípio Deus criou os céus e a terra", estivesse escrita a seguinte história:

COMO DEUS FOI CRIADO

1 No início não havia nada, nem o vazio, nem a luz, nem as trevas. Nada que fosse um fim. Só um tempo estático.
2 Então, o impossível aconteceu. O tempo começou a se movimentar até se tornar mais rápido do que a luz, surgindo assim a eternidade. O mundo espiritual passou então a existir.
3 Ninguém sabe como o tempo começou a se movimentar. Esse é o grande segredo que afasta o homem de entender a criação e a existência de Deus.

Deus é o princípio da própria criação. Deus é a força que fez o tempo se movimentar.
4 Mas quem foi que fez essa força? De onde foi que ela veio? Do interior da própria inexistência Deus passou a existir. O Espírito que governa o nada passou a governar o tudo. O próprio interior da inexistência deixou de existir quando Deus passou a existir.
5 Primeiro foi criado o Espírito de Deus no útero da inexistência pela simples necessidade de existir. Depois o Pai foi criado pelo Espírito que o procedeu. E, por Deus ser o possuidor de todo o conhecimento, foi criado o Filho pela simples necessidade de se ter mais filhos.

Esse texto não me foi dado dessa forma, mas eu quis escrever assim, com versículos, para parecer que poderia haver outros livros antes dos que já estão escritos. Mas Deus sabe que não seria preciso para o objetivo de nos mostrar o que realmente era necessário: **Jesus Cristo**. Eu creio que existem muitas coisas sobre Deus que nós ainda não conhecemos e também não entendemos. Dentre essas coisas, eu creio, tem as que **estão escritas** e as que **não estão escritas**.

EPÍLOGO

Eu comparo Deus ao **Sol**. O **Pai** é o poder que o Sol tem de consumir tudo que se aproxima dele e o poder de dar vida a tudo em um planetinha chamado Terra, que fica a milhões de quilômetros de distância. A vida na Terra se torna impossível sem o poder do Sol. O **Filho** eu comparo à **luz** do Sol. As trevas se dissipam completamente onde a luz do Sol toca. Já o **Espírito Santo** é o **calor** do Sol que nos faz sentir, ao longínquo, a existência de uma estrela nos aquecendo. O **poder do Sol, sua luz e seu calor** eu comparo a Deus, pois o **Pai** é o poder que a tudo criou. O **Filho** é a luz que nos faz conhecer o Pai e saber quem somos e o **Espírito Santo** é o calor que opera para nos **dar a certeza de que Deus existe**.

Mas por que eu estou finalizando com este texto? Você deve estar se perguntando. Vou explicar: como eu disse no início deste livro, quando alguém nos apresenta um amigo, ele nos fala primeiramente de suas principais caraterísticas, ou seja, onde nasceu, seu nome, com o que trabalha, onde mora, as coisas que gosta e não gosta, e só depois, com a convivência e muita conversa, você conhece melhor a pessoa e se tornam íntimos, até que possam se chamar de amigos.

    O meu objetivo aqui, então, foi apresentar-lhe Deus. Eu falei o nome d'Ele: **um nome, três nomes e vários outros nomes**. Eu falei de onde Ele veio: **da necessidade**. Eu falei com o que Ele trabalha: **transformar você naquilo que Ele te criou para ser**. Eu falei como Ele trabalha: **mar, deserto, guerra e promessas**. Eu falei do que Ele gosta: **de música, de conversar, de pessoas humildes, de repartir, de gratidão, de reunião, de comer, de ensinar e de crianças**. Eu falei do que Ele não gosta: **iniquidade, pecado, religião, orgulho e arrogância**. Mas, o mais importante, eu falei da **oração**, o instrumento que você usa para conversar com Ele, para aprofundar seu relacionamento, tornando-se assim cada vez mais íntimo d'Ele, a ponto de ser chamado de grande amigo. E eu falei dessa comparação do Sol para lhe dizer que você não precisa ir longe para saber como Deus é. **Deus é tudo e está em todos**, e você pode entender como Ele é apenas contemplando **tudo que Ele criou.**

CONVITE AO LEITOR

Como Jesus ordenou: "Vocês receberam de graça; deem também de graça (Mateus 10:8)". Como disse Paulo: "O trabalhador merece o seu salário (1 Timóteo 5:18)". Esta obra não tem preço. O preço pago por ela foi apenas o trabalho do escritor por ter colocado as palavras no papel e o trabalho da editora em produzir e publicar. De onde veio este há outros, mas tudo no **tempo d'Aquele que fez o tempo.**

Não tenha medo. Caso queira uma conversa mais profunda, entre em contato:

- jkalurnas@outlook.com
- https://www.facebook.com/people/Loucos-por-Deus/100089767129549/

https://www.instagram.com/lpdeus1/

https://www.youtube.com/@loucospordeus7

"Cristo é tudo e está em todos."
(Colossenses 3:11)

JKALURNAS

Compartilhando propósitos e conectando pessoas
Visite nosso site e fique por dentro dos nossos lançamentos:
www.gruponovoseculo.com.br

Ágape

- facebook/novoseculoeditora
- @novoseculoeditora
- @NovoSeculo
- novo século editora

gruponovoseculo.com.br

Edição: 1ª
Fonte: Athelas